博物馆·特色藏品

相生相伴

艺术作品中的动物故事

［印］阿南达·班纳吉　著
［意］玛蒂娜·科尔尼亚蒂
杨姝睿　译

中国科学技术出版社
·北京·

图书在版编目（CIP）数据

相生相伴：艺术作品中的动物故事 /（印）阿南达·班纳吉，（意）玛蒂娜·科尔尼亚蒂著；杨姝睿译. -- 北京：中国科学技术出版社，2024.7. --（博物馆·特色藏品）. -- ISBN 978-7-5236-0823-4

Ⅰ . K86

中国国家版本馆 CIP 数据核字第 20240ZB282 号

著作权合同登记号：01-2024-2696

L'ermellino di Leonardo. Dodici storie di animali fraarte e natura
Copyright © 2022 Nomos Edizioni, Busto Arsizio, ITALY
All rights reserved in all countries by Nomos Edizioni
Simplified Chinese rights arranged through CA–LINK International LLC（www.ca-link.com）

本书已由Nomos Edizioni授权中国科学技术出版社有限公司独家出版，未经出版者许可不得以任何方式抄袭、复制或节录任何部分。
版权所有，侵权必究

策划编辑	王轶杰
责任编辑	王轶杰
封面设计	中文天地
正文设计	中文天地
责任校对	吕传新
责任印制	李晓霖

出　　版	中国科学技术出版社
发　　行	中国科学技术出版社有限公司
地　　址	北京市海淀区中关村南大街 16 号
邮　　编	100081
发行电话	010-62173865
传　　真	010-62173081
网　　址	http://www.cspbooks.com.cn

开　　本	710mm×1000mm　1/16
字　　数	171 千字
印　　张	12
版　　次	2024 年 7 月第 1 版
印　　次	2024 年 7 月第 1 次印刷
印　　刷	北京博海升彩色印刷有限公司
书　　号	ISBN 978-7-5236-0823-4 / K·402
定　　价	108.00 元

（凡购买本社图书，如有缺页、倒页、脱页者，本社销售中心负责调换）

目 录
CONTENTS

5
序言

阿南达·班纳吉与玛蒂娜·科尔尼亚蒂

亚历山德罗·波利诺里

福尔柯·普拉德西

10
鲸鱼：从蛇到梦幻岛

18 | 鲸鱼奇观

22
在四叶草画框里的狮子

30 | 狮子王

36
宫廷猎豹

44 | 猎豹能跑过物种灭绝的速度吗？

48
黎明的长颈鹿

56 | 长颈鹿，一种奇怪的又瘦又高的动物

62
达·芬奇的貂

74 | 貂：小型炸弹

78
甘达

86 | 我们这个时代的独角兽

相生相伴
艺术作品中的动物故事

90
在梵蒂冈的马戏团

100 | 亚洲象：人类与象头神
——迦尼萨的冲突

104
宫廷渡渡鸟

112 | 渡渡鸟：灭绝的象征

116
水墨鹤

124 | 鹤：飞向永恒

130
浪漫主义的老虎

140 | 虎的希望

144
一条围绕在炸弹周围的丝带

152 | 鹦鹉的悲剧

156
小约翰和毛毡布

164 | 如何疗愈创伤
——精神分析学家乔瓦尼·卡斯塔迪

168 | 郊狼——适应性的代表

174
图片说明

181
参考书目

序 言

本书记述了12种关于动物的故事，追溯了长达1700年的艺术史，还描述了这12种最具代表性物种的特征、生态和保护问题，它们居住或曾经居住在我们的星球，它们是：鲸鱼、狮子、老虎、猎豹、大象、长颈鹿、犀牛、土狼、金刚鹦鹉、鹤、貂和第一个因为人类活动而直接灭绝的物种——渡渡鸟。

它们与著名的作品和艺术家紧密相关，例如乔托、欧仁·德拉克洛瓦、乔瓦尼诺·德·格拉西、朱利奥·罗马诺、皮耶罗·迪·科西莫、阿尔布雷希特·丢勒、约瑟夫·博伊斯、弗里达·卡罗、葛饰北斋、达·芬奇、乌斯塔德·曼苏尔，以及在公元4世纪初创作了阿奎莱亚大教堂马赛克地板的匿名画家们。

作为本书的作者——一位是艺术历史学家，另一位是自然学家，我们在选择作品时力图呈现多样化、分散在不同大陆和生态系统中的动物，同时关注这些动物所在的一些非常著名的艺术作品，它们不仅是作为动物出现，而且是特殊的恶习或美德的象征，表达了艺术家或他所处的时代的世界观。

我们在印度德里相识，对大自然的热爱使我们一拍即合，我们认为必须尽一切所能保护大自然。现如今这个时代，生物多样性急剧丧失，出现了影响

相生相伴
艺术作品中的动物故事

整个地球的令人担忧的气候变化，接近许多科学家预测的"第六次大灭绝"。当下全球遭受了一个多世纪以来最严重的病毒的肆虐，这次疫情与生态系统遭到的破坏和对野生动物的滥捕滥杀有关，截至2021年5月9日，官方数据统计至少死亡330万人，并使世界上半数以上国家的经济陷入困境，这个问题对每个人来说都是非常紧迫的。我们坚信，野生动物保护需要多学科的协作，艺术和科学一样，在社会中发挥着重要作用。

本书的创作目的是向热爱艺术的读者展示，艺术如何与自然紧密相连，艺术始终从各种形态的自然中汲取营养，围绕它构建了我们的符号、民俗、叙事以及文化遗产。

是否能想象一个没有狮子的世界？狮子的力量和关于它的神话一直流传在苏美尔、埃及、亚述、希腊和圣经传说，印度教的神话和无数其他亚洲和非洲的文献里。我们真的可以没有大象和鹤吗？不仅在树林和大草原上没有（大象和鹤），我们的梦里，绘画和书中也没有（大象和鹤）？

面对这些问题，人类须尽快作出具体、有约束力的规定。我们希望这本书宣传的环保理念，使每个人获益，哪怕是微不足道的。保护自然需要每个人尽其所能，也就是说，人人都关注和参与。

阿南达·班纳吉与玛蒂娜·科尔尼亚蒂

序　言

尽管所采用的"文化遗产"标准不同，但据统计，意大利在世界范围内拥有最高比例的文化艺术遗产。

由于人文科学和自然科学在很多方面不可调和，我们很少能够将我们国家的文化遗产同另一个珍贵的生物多样性资源整合起来，而这在主流文化中也很少被重视。在这种背景下，能有一部像这样的作品——以艺术和自然、历史和地理（大陆）之间的一些动物为共同的线索，是难能可贵的。这部作品可以被喻为意大利和国际出版界的一颗北极星，能够在看似不同但充满联系的领域之间架起沟通和合作的桥梁。具体而言，作者提出了涉及多学科的独创性方法，从艺术史出发，到生物多样性的保护，提供了完美的综合解释，能够满足多元化的公众，还为公众提高环保意识提供了有力的支撑。这部作品实现了人文科学与自然科学的完美融合，对于传播、热爱和尊重我们地球上动物所代表的文化象征和独特的艺术作品是必不可少的。

意大利鸟类保护联盟（Lipu）理事会副会长

亚历山德罗·波利诺里

相生相伴
艺术作品中的动物故事

有多少意大利人知道莱昂纳多·达·芬奇在 1490 年的画作《抱银貂的女子》（现存克拉科夫博物馆）中画的那种外表凶猛的动物是什么？

我相信在那时，只有极少数自然科学爱好者（自然科学的教学于 1924 年因改革而取消，直到 1955 年才重新进入学校）有一些动物学概念。如果不是经验丰富的猎人，不会发现年轻的塞西莉亚·加勒拉尼怀抱的动物实际上是一只雪貂。

事实上，我在阿尔卑斯山短途旅行中见过几次白鼬，它比雪貂小得多、更优雅、更"野性"，雪貂处于一种半家养的状态，几个世纪以来，它一直被训练在巢穴中狩猎野兔，甚至曾被饲养在房子里以控制老鼠和田鼠，或作为宠物。

从小我就喜欢动物。除了拥有和饲养它们，我还经常去罗马动物园，了解并且画下埃米利奥·萨尔加里小说中提到的外来物种。

在我 30 岁之前，我总去打猎和钓鱼。这源于家庭传统和对了解大自然及动物物种的渴望。直到 1963 年在安纳托利亚森林中，我见过一头母熊和它的三头幼崽被拯救的情景，这让我放弃了打猎的爱好，转而投身于对动物们的保护。

1955 年，在一次西班牙之旅中，我得以进入著名的阿尔塔米拉洞穴，并观察到这片可追溯到 3.5 万年前的神奇动物画。1977 年，由于游客的涌入，该遗址不得不对公众关闭。

这种经历后来促使我在作为一名自然保护者的同时（不脱离对艺术史的兴趣），尝试将拯救濒临灭绝的野生动物同它们在数千年来丰富了人类的绘画作品结合起来。

序　言

我还记得在意大利拉文纳的马赛克艺术中发现美丽的苏丹鸡时的激动，后来我尝试在西西里岛和撒丁岛上保护它们最后的栖息地。

或者还有安东内洛·达·墨西拿画作里的西西里岩鹧鸪。他在圣吉罗拉莫山脚下象征性地画了一幅现在已经很少见的西西里岩鹧鸪，于1475年在他的工作室里最终完成了这幅完美画作。

最后，我必须要提到位于西西里岛阿尔梅里纳广场的罗马别墅，那令人惊叹的马赛克，还有世界自然基金会保护的对象犀牛、老虎和其他动物。这些动物也会在阿南达·班纳吉和玛蒂娜·科尔尼亚蒂的书中作为主角出现。

这是一部独特的作品，有着与动物个体相关的罕见的完整性、丰富的历史和艺术引文。作品中的动物，其生存归功于世界自然基金会的慷慨和高效的工作。世界自然基金会是一个伟大的环境协会，我有幸创建并主持了多年的工作。

这部作品以许多物种且往往不为人知的艺术和历史事件为写作内容，描述各个事件和当前动物问题之间的联系，是一本引人入胜的读物，具有广泛科学和传播价值。

世界自然基金会意大利分会创始人兼名誉主席
福尔柯·普拉德西

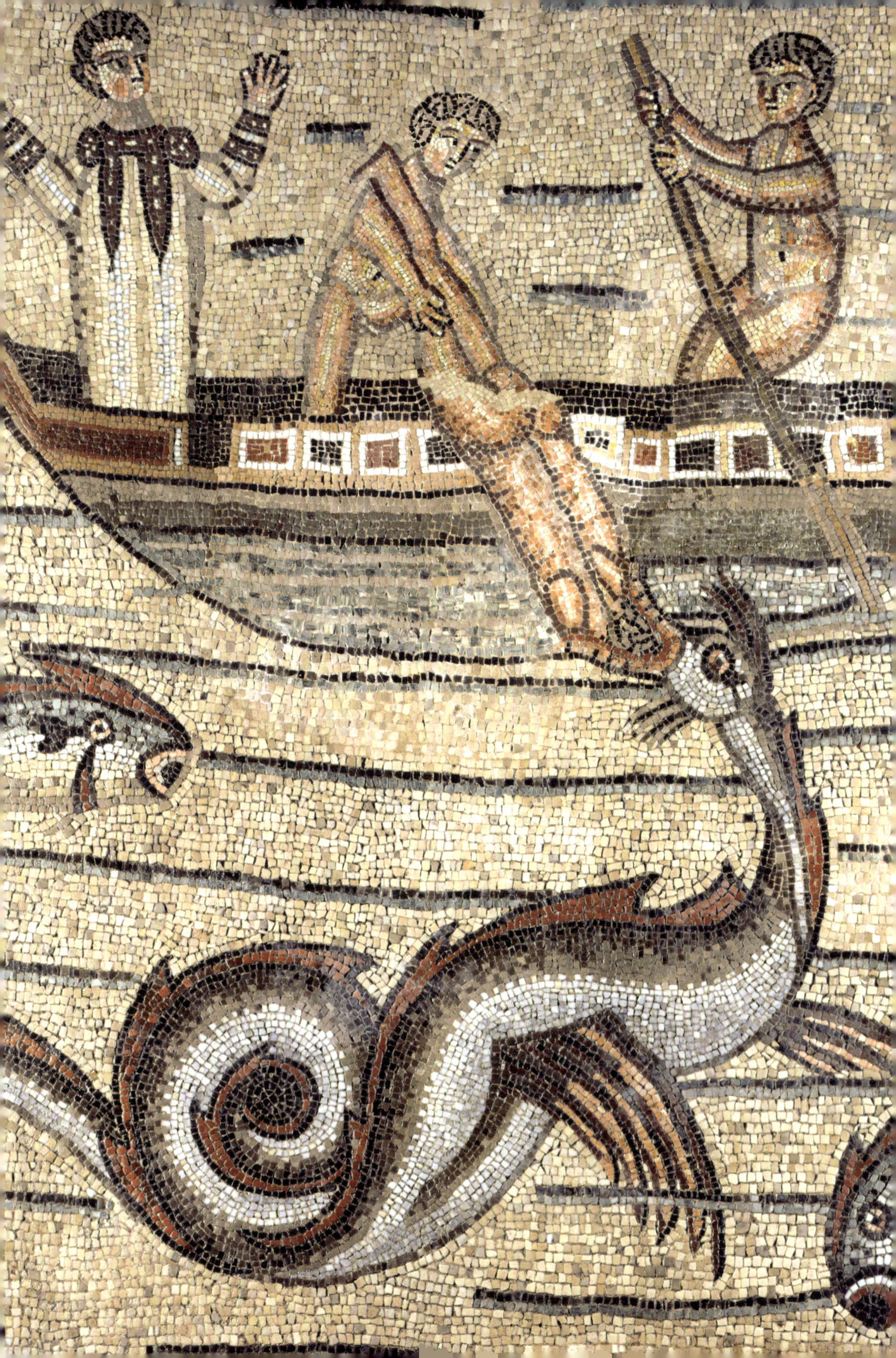

鲸鱼：
从蛇到梦幻岛

相生相伴
艺术作品中的动物故事

嘴平似鸭子，头圆似戴冠，脖子长且弯，身体多鳞似蛇，胸部有鳍，而尾部缠绕成螺旋状攀缘而上。

阿奎莱亚大教堂是意大利最古老、最重要的以基督教为主题的大教堂之一，可追溯至公元4世纪的君士坦丁大帝时期。在阿奎莱亚大教堂的中殿和右十字耳堂之间有巨大而著名的地面镶嵌画，这只怪兽在画面中出现过两次，都是位于鱼类、腹足类、章鱼和其他各种软体动物中间，这些画面都是非凡的现实主义风格，画面里还有几艘渔船。

这个像船一样大的怪物吞下了一个赤身的人，这个赤身的人就是先知约拿[①]，然后又把他吐了出来，约拿死而复活。约拿的故事在基督教的前几个世纪非常流行，在当时的浮雕、地下墓穴的绘画和马赛克艺术品中都能见到。这一场景在圣经中也有清晰的描述："那些人竭力荡桨，希望把船靠向岸边，但始终无法实现，因为海浪越来越猛烈。他们便求告上帝，'耶和华啊，我们恳求您，不要因这人的性命使我们死亡，我们是无辜的，不要让我们流血并将罪归于我们，您耶和华是随自己的意旨行事。'他们于是将约拿抬起，抛在海中，海的狂浪就平息了。那些人便更加敬畏耶和华，向耶和华献祭并且许愿。""上帝命令一条大鱼吞下约拿，约拿在鱼肚子里待了三天三夜"。从那时起，一切都很顺利，因为叛逆者得到了原谅，并前往西亚古城尼尼微完成他的预言任务，在那里，上帝为他安排了一棵蓖麻树，以保护他免受沙漠高温的灼伤。故事并没有就此结束，但总的来说，这是古罗马帝国晚期的书籍中最喜欢呈现的情景：约拿被从船上扔下并被怪物吞噬，然后约拿又被听（上帝的）话的怪物吐了出来，约拿懒洋洋地躺在树叶繁茂的蓖麻树下。有了这些"框架"，当时的忠实信徒一下子就能重述整个故事，这个有启发性的故事很受欢迎，在集

[①] 约拿是小先知之一；相关故事被收录在《塔纳赫》和基督教的《圣经》里。

鲸鱼：从蛇到梦幻岛

体想象中影响更加深远，从卢多维科·阿里奥斯托[1]，到匹诺曹的鲸鱼[2]。前文中的怪物，在圣经中称为"dag gadol"，是一种大鱼[3]，而且在早期基督教的环境[4]中，它变成了一只海兽、一只海怪[5]，或者可能是一种希腊和罗马神话中从未见过的生物——一只有着蛇尾巴的小鱼[6]，又或者变成了一头鲸鱼。随着时间的推移，古典传说逐渐淡化，取而代之的是北欧的故事还有传说。这些故事被收集在剧本、百科全书及其他著作[7]中，把各种令人不安的生物展现在世人面前，逐渐被人们所认识。圣依西多禄（西班牙6世纪末7世纪初的教会圣人、神学家，编者注）将鲸鱼归类为鱼类，并且出人意料地提供了非常准确和有趣的信息：他说，鲸鱼"巨大无比"，并且"因入水和喷水的大动作而闻名：因为它们喷射出的水比任何其他海洋动物的都高，在希腊语中，这种'喷射'被称为 $\beta\acute{\alpha}\lambda\lambda\epsilon\iota\nu$"[8]。在这里，以及在《以西结书》中，认为鲸鱼和类似鳄鱼的动物的存在与水面下的激流有关，这似乎是基于海员们对于大型未知动物的恐惧以

---

[1] 《疯狂的罗兰》中被删除的部分，诗人重回秘境，讲述了阿斯托尔福和鲁杰罗在鲸鱼肚子里的故事。选自芭芭拉·赞德里诺的《疯狂世界》（La follia del mondo，1994）。

[2] 事实上，在卡洛·科洛迪于1881~1883年出版的《匹诺曹历险记》中，它不是一头鲸鱼，而是一条大鲨鱼。而沃尔特·迪士尼在1940年的电影版本中将大鲨鱼变成鲸鱼。

[3] 选自《约拿书》2-1。

[4] 据我所知，犹太人生活的地方没有"dag gadol"的表述，它可能与以色列先知以西结所描述的鳄鱼有一定的亲缘关系（《以西结书》32-2）："你就像水中的鳄鱼一样，冲出江河，用爪搅动诸水。使江河浑浊。"然而《塔木德》（犹太教中地位仅次于《塔纳赫》的宗教文献）对约拿的故事发表了一些非同寻常的评论，这些评论鲜为人知，但因其现实性和具体性而引人入胜。例如，《托拉》和《塔木德》的最高解释的权威学者拉希，他写道："一条雄性的大鱼，约拿可以站在那里，有足够的空间，这样他就不会想祈祷了。圣人向雄鱼暗示，鱼就把他吐到一个满是鱼子的雌鱼口中，那里拥挤不堪，约拿就在那里祷告。"

[5] 选自弗朗西斯卡·波马里奇的《有翅膀和没有翅膀的海怪》（2014）。

[6] 选自蒂娜·曼苏埃托的《怪物与海仙女》（2009）。

[7] 例如，圣依西多禄的《词源》，拉巴诺·毛罗的《怪物图谱》和《宇宙论》。

[8] 选自圣依西多禄的《词源或起源》（安杰洛·瓦拉斯特罗·卡纳莱编辑，2004年UTET在意大利都灵出版）第二卷第65页。这段话很有意思，尽管它的词源，就像依西多禄所说的，经常出现，很有想象力。在希腊语中，鲸鱼被称为"fallaina"，是一个表示大型海怪和精致的夜行蝴蝶意思的词。因此派生了拉丁语的 ballaena。

相生相伴
艺术作品中的动物故事

及它们在水面附近引起的湍流的真实印象。

诚然，在那个时候，没有经历几个世纪的过度捕捞和不可持续的渔业发展，北方的海洋和海域处于自然繁荣的顶峰，所以与鲸鱼的相遇并不罕见。鲸鱼在中世纪是非常流行的，既引人入胜又充满幻想，是一个介于现实和文学之间、恐惧和神话之间的物种。1851年，美国作家赫尔曼·梅尔维尔又回到了这个话题上，此时经验和科学已经可以明确地划分鱼类和鲸类，同时在鲸类内部还区别出座头鲸和抹香鲸。此时无论是鱼类还是哺乳动物都不重要了，这位美国作家的表现力几乎汇集了数个世纪的想象：

"他将整个种族自亚当时代起所感受到的所有愤怒和仇恨都积攒在白鲸的身上，然后将心脏'燃烧的炮弹'射向它，将它们发泄出来。"[1]更准确地说，"对我来说，白鲸就是这堵被推到我身边的墙。有时我觉得那里什么都没有。但这足够了。它占据了我，压得我喘不过气来；我看到它有一种残忍的力量，充满了无法理解的恶意。这种无法理解的东西正是我最讨厌的，无论白鲸是从属还是主谋，我都会将我的仇恨发泄在它身上。水手，别和我谈论残忍，如果太阳冒犯了我，我也会攻击的。"[2]

然而在中世纪，人们在文化和精神领域都无法做这种异乎寻常（离经叛道）的挑战。通过不断尝试对未知事物进行分析和总结，中世纪的人们意识到自己的局限性，在面对未知的事物时感到自身的渺小；但他们在对于不符情理认知的事物感到恐惧和道德的压力的同时，又表现出了非凡的创造力。换句话说，这是现实与幻想、可见与无形之间的特殊亲密关系的结果，而现代将不可避免地失去这种亲密关系。也许正因如此，在接近公元1000年的时候，鲸鱼越来越受欢迎。可能在北欧编写的《怪物图谱》于9世纪就已经广泛传播，书中将鲸鱼定义为"不可形容的野兽"，"出生于

---

[1] 选自赫尔曼·梅尔维尔的《白鲸》（1987年，意大利的阿德尔菲出版社在米兰出版）第214页。
[2] 同[1]，第194~195页。

鲸鱼：从蛇到梦幻岛

印度"①。在同一时期，一位爱尔兰修道士写了一篇传记，即《布兰达诺的旅程》，传记中提到的鲸鱼，不再和以前一样，还扮演了一个重要的角色。

布兰达诺是一位历史人物，他像吉尔伽美什寻求永生一样前往寻找没有死亡的快乐岛。他出生于爱尔兰凯里郡特拉利的一个贵族家庭，之后也成为那些不知疲倦的爱尔兰朝圣者之一（其中包括博比奥修道院的创始人圣科尔姆班诺）。布兰达诺活了94岁，其神话般的海上旅行记录分为29章，在9～10世纪的爱尔兰写成，并马上获得了巨大的成功。比如但丁就将其旅行记录列为文献资料的来源。

《约拿和鲸鱼》

布兰达诺及其同伴靠近一个岛屿，点燃火堆准备晚餐。但是岛屿突然震动，迫使他们匆忙逃离，然后他们发现"岛屿"②是一只巨大的鱼、一只蛇龟（巨龟），或者更确切地说是一只海怪③、一座鲸鱼岛，许多古典和后

---

① 《怪物图谱》（弗朗科·波西亚编辑，2012年意大利利古里出版公司在那不勒斯出版）第二卷第306～307页的第二十六章："在印度也有一种凶猛的巨兽——鲸鱼，那里也发生了许多世界奇观。印度的某些族群用这些野兽的皮毛制作了衣服。"

② "这不是我们曾经去过的岛屿，而是一只怪物——雅斯科纽斯（Jasconius），它是海洋生物中把尾巴放在嘴里的怪物，但是因为长度的问题，它没有成功。"——《圣布兰达诺修道院的航海》（法国阿朗松市立图书馆手稿）第11章

③ 不像一些人认为的那样，海怪是凯尔特前基督教想象中的巨型乌贼或章鱼怪物。它通常坐落在海底，在那里它吸引了大量的猎物，通过移动击沉船只。

相生相伴
艺术作品中的动物故事

古典的史料，从古罗马学者老普林尼的《自然史》到公元4世纪在埃及和叙利亚之间写成的《自然学家》①都有记载。

问题绕了回来：在德国的埃尔福特保存的一幅16世纪的德国袖珍画②里，约拿被一个巨大的海洋动物吞噬，这个动物背上长着鳞片，一个人在上面生火煮汤。这个动物被明确地定义为鲸鱼，而不是鲨鱼或其他鱼。圣布兰达诺必须出现才能一劳永逸地澄清先知约拿在什么怪兽的肚子里待了三天三夜。显然，不是一条鳗鱼。毫无疑问，是一头鲸鱼。

---

① "有一种海中的野兽，看起来像一座岛屿，特别是当航海者看到整个地方都像海岸边的沙子时。他们误以为是一座岛屿，就靠近它停船，下船插桩系船。然后他们在那里生火煮食，就像在陆地上一样。但是那个野兽，当它感受到火焰的热度时，会突然潜入水中，把船拖到海底。"有关完整的记录，请参见弗朗切斯科·赞邦（Francesco Zambon）的《自然学家》第17章。

② 选自埃尔福特大学的《乔纳斯和鲸鱼》。

《约拿被鲸吞》

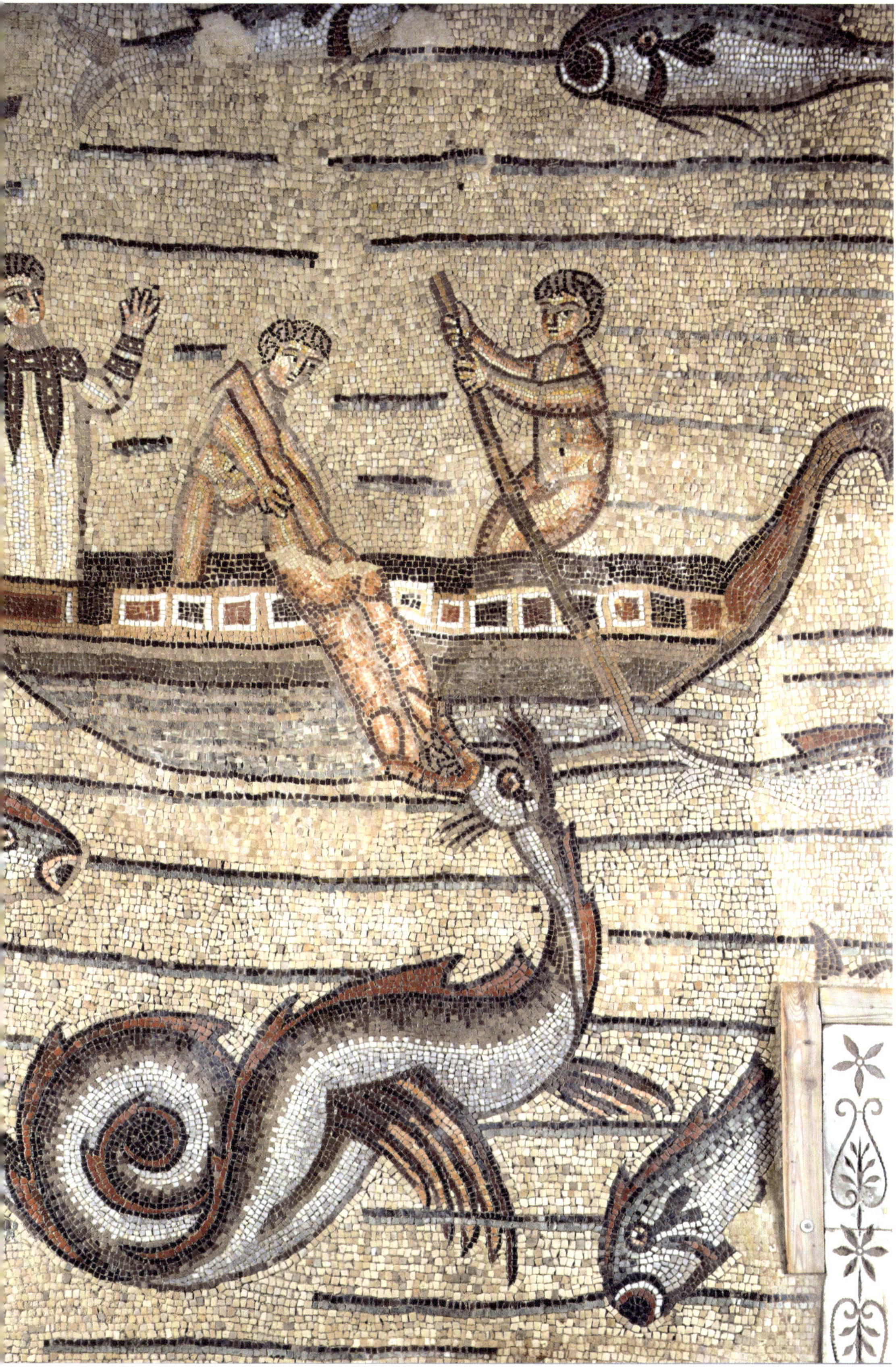

相生相伴
艺术作品中的动物故事

鲸鱼奇观

在全球航海旅行中，人类文明的世界版图得以重新绘制并不断完善。如果没有鲸类动物的相关记载，历史上的航海家们进行的那些著名的探险活动是不完整的。在人类文化和社会中，鲸鱼既是民间传说，也是视觉艺术、文学领域和科学探索的主题。

鲸鱼让人类着迷，但人类的捕鲸活动一直存在。从古至今的狩猎，是导致鲸鱼物种数量急剧下降的主要原因。日本人、挪威人以及因纽特人、巴斯克人等有捕鲸的传统。这其中有贸易的原

鲸鱼：从蛇到梦幻岛

因，也因为捕鲸是他们文化中的一个部分。鲸鱼身体的每个部分都有价值，鲸鱼肉可以作为食物，鲸鱼骨可以制成支撑物、装饰品，鲸油可以作为灯的燃料和润滑剂，因而鲸鱼备受追捧。从17世纪到19世纪，捕鲸业是一个市值过百万美元的产业，仅在南极洲就有超过130万头鲸鱼被猎杀。

20世纪40年代中期，国际捕鲸委员会（IWC）成立，全世界对滥杀鲸类动物的关注也始于那时，但杀戮仍在继续。国际捕鲸委员会是一个全球性的非政府组织，负责鲸鱼保护和狩猎管理[1]。委员会为鲸鱼建立了两个保护区——印度洋鲸鱼保护区和南极洲的南大洋鲸鱼保护区。但国际捕鲸委员会是一个自愿组织，不能对国家施加任何的法律管辖权。

1982年，国际捕鲸委员会决议暂时终止商业捕鲸，滥捕滥杀鲸鱼的情况才开始得到改善。虽然捕杀确实有所下降，科学家们也记录了一些海洋地区的种群发展趋势，但大多数被保护的鲸鱼仍濒临灭绝。据世界经济论坛报道，在暂停商业捕鲸之后，种种迹象表明早前受影响严重的鲸类物种有恢复的趋势。

让人觉得难以置信的是一支科学考察队于2020年底在墨西哥海岸附近发现了一种未知的齿鲸。尽管人类探索自然的技术已经取得相当大的进步，但是大自然仍然可以给我们带来巨大惊喜，没有什么能比发现像这样一种巨大的生物能够一直远离人类的注意而更令人兴奋的事了[2]。2011～2022年，人类发现了超过40种新的鲸类。

尽管我们中的许多人可能永远没有机会在鲸鱼的自然栖息地中观察它们，但鲸鱼的神秘和体形仍将继续吸引我们并激发我们的想象力。鲸类有不同的大小，最大的（也是最壮观的）是蓝鲸。蓝鲸长度超过30米，在科学教科书上呈现时堪称奇观。有一幅对比大象、人类和蓝鲸的插图可能是最常见和最著名的图像之一，它已经深深地印在我们的脑海里。虽然它体形巨大，但令人惊讶的是，鲸鱼几乎完全靠浮游生物来维持生存。在北太平洋进行的一项研究发现，成年蓝鲸每天平均需要摄入1120

---

[1] 请参见 http://International Whaling Commission iwc.int/home.
[2] 选自卡莉·卡塞拉所著的《科学家认为他们发现了一种新的须鲸物种》（2020年12月12日）。

相生相伴
艺术作品中的动物故事

千克的浮游生物或其他小生物来获取营养。[1]

另外，德布兰维尔鲸鲨非常罕见，长度约为三米。海洋生物学家很少在海中发现这种动物，大部分关于该物种的知识和信息来自对在世界各地搁浅的标本的研究。

一个有趣的事实是鲸鱼与河马有亲缘关系。鲸鱼与海豚和鼠海豚一起被归为鲸目下，但河马属于偶蹄目[2]。根据科学家的说法，鲸鱼和河马有一个共同的祖先：最早的鲸鱼应该是生活在5200万到4700万年前的陆生哺乳动物[3]。

国际自然保护联盟（IUCN）认定了40种不同的鲸类，分为两种类型：齿鲸和须鲸。蓝鲸属于后者，因为它们的过滤器（瓣骨）类似于筛子，由角质构成，位于上颚并用于从海洋中过滤食物。须鲸是两种鲸类中最大的，包括座头鲸、伊甸鲸、灰鲸、喙鲸、格陵兰鲸、长须鲸和北极鲸。其中，座头鲸在全球所有海洋中分布最广，而且以有史以来最长的迁徙距离而闻名，大约为5000千米。目前，北极鲸处于极度濒危状态，研究人员估计全球只剩下366头。

齿鲸类如其名称所示，拥有适合捕猎鱼类、海豹和企鹅的牙齿。抹香鲸是最大的齿鲸，因其高质量的脂肪而成为捕鲸业者追捧的物种之一，这种脂肪曾被用作灯油和润滑剂。在赫尔曼·梅尔维尔于1851年创作的小说《白鲸》中，白鲸就是一头抹香鲸，是主要的反派角色。

齿鲸类另一个代表性成员是独角鲸，也被称为海洋独角兽。独角鲸最著名的"角"就是从嘴唇中伸出的长牙。

鲸鱼遵循代代相传的迁徙路线，主要是在热带水域繁殖，远离更寒冷的极

---

[1] 选自唐纳德·克罗尔、拉斐尔·库德拉、伯尼·R.特什里所著的《北太平洋大型鲸鱼数量下降对生态系统的影响》，载于詹姆斯·A.埃斯特斯（编），道格拉斯·P.德马斯特、丹尼尔·F.多克等的《鲸鱼、捕鲸和海洋生态系统》（第202～214页），由美国加利福尼亚大学出版社于2006年在伯克利出版。DOI：10.1525/california/9780520248847.003.0016.

[2] 请参阅有关该主题的文章集 www.sciencedirect.com/topics/immunologyand-microbiology/cetartiodactyla.

[3] 请参见 evolution.berkeley.edu/evolibrary/article/evograms_03#:~:text=Hippos%20likely%20evolved%20from%20a, skulls%20and%20large%20carnivorous%20teeth. Da Carl Zimmer, The Tangled Bank, Greenwood Village Colorado, Roberts & Company, 2010.

鲸鱼：从蛇到梦幻岛

地水域。就像蝙蝠一样，它们依赖复杂的生态定位来长距离穿越，建立社交联系和进行狩猎。科学家们一直在研究鲸鱼的行为，还收集了歌声的数据，并且有新的发现。座头鲸那迷人的复杂召唤声和歌声引起了学者们的好奇心，这些声音还提供了有关人口变化的信息[①]。通过对数千个召唤的记录，人们开始更多地了解这些难以捉摸的"海洋巨人"的生态系统，但鲸鱼世界在许多方面仍是一个谜。比如，搁浅和致命的冲滩是海洋生物学家十分关注的，这种现象还在增加，大约每年有 2000 个案例，科学家还没找到确切的原因。

另一个日益引起关注的问题是污染海洋的塑料和增加的废弃渔网。根据国际捕鲸委员会的科学委员会调查，海洋垃圾对鲸类的影响比最初预想的更为严重。海洋垃圾包括玻璃、金属、塑料（含微塑料）和木材等，还包括被遗弃或丢失的渔具，被称为"幽灵渔具"。

每年估计有 480 万～1270 万吨的塑料垃圾进入海洋。

不了解垃圾的危害性并寻找食物的鲸鱼会吞下我们在海洋中释放的垃圾，造成悲剧性后果。例如，2019 年 3 月在菲律宾，一头长 4.5 米，重 500 千克的小齿鲸就因为胃中含有 40 千克的塑料而死亡。同年 12 月，一头抹香鲸被发现处于类似情况，胃中含有 100 千克的缠绕在一起的渔网、塑料和其他海洋垃圾。同样，泰国一头死亡的球头鲸体内发现了约 80 个塑料袋。

已经有充分的数据记录了鲸鱼所面临的危险。除了捕猎外，意外被幽灵渔具所捕捉，石油泄漏，塑料污染和与商业油轮的碰撞都导致了大量鲸鱼受伤和致命的后果。截至 2020 年初，全球有总数约为 9.814 万艘总吨位超过 100 吨的商船。这是海洋中相当大的船舶交通，而鲸鱼别无选择，只能在寻找新鲜空气的同时避开这些拥挤的船只。

[①] 选自安克·库格勒（Anke Kügler）、马克·O. 拉莫斯（Marc O.Lammers）、伊登·J. 臧（Eden J.Zang）等人的《夏威夷座头鲸种群的波动》，摘自《濒危物种研究》，2020 年第 43 卷第 421～434 页，doi.org/10.3354/esr01080.

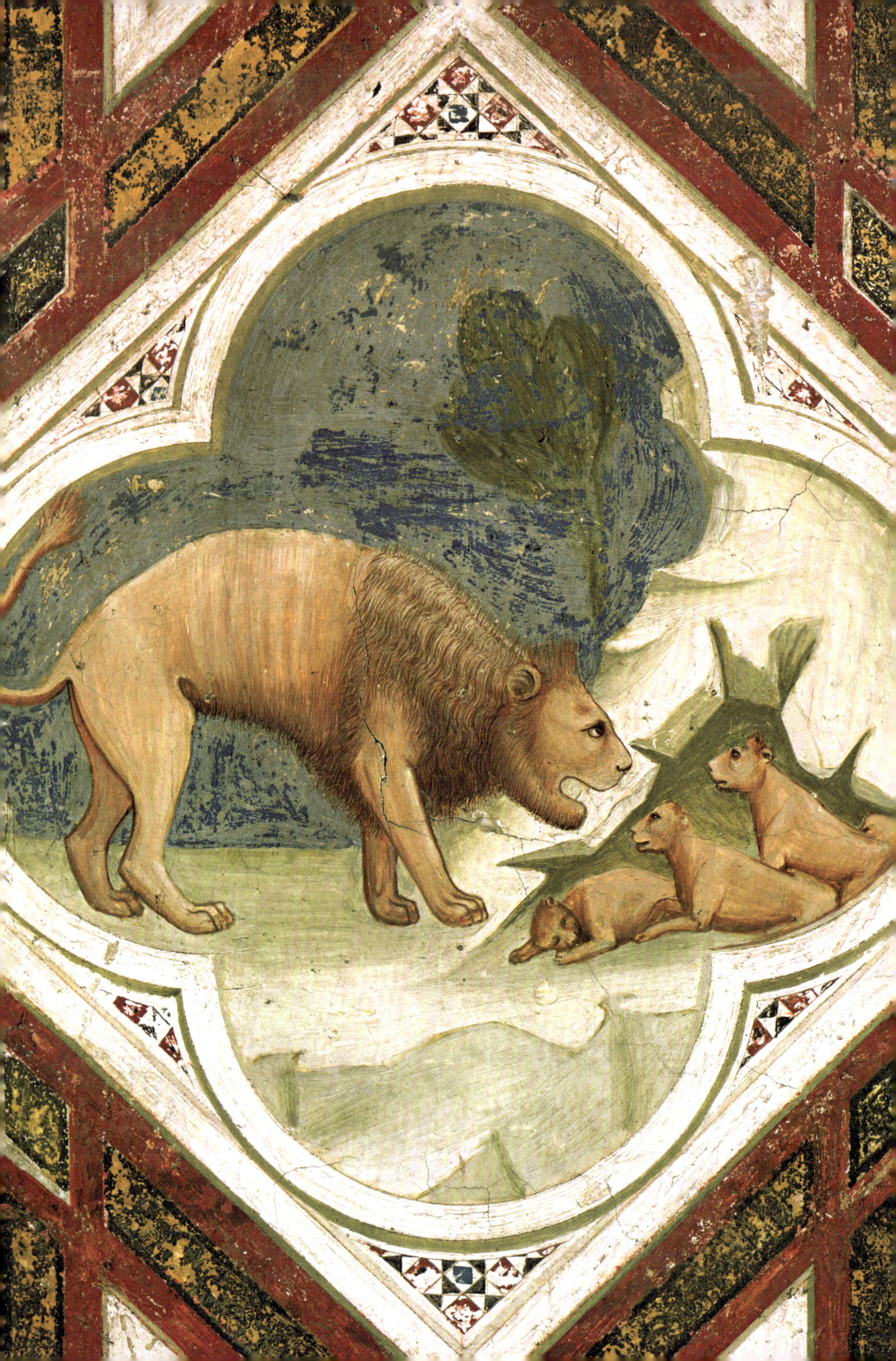

在四叶草画框里的狮子

相生相伴
艺术作品中的动物故事

它像猫一样在崎岖而尖锐的岩石背景下弯曲身体，优雅地抬起尾巴，呈现出框架弯曲的效果。

在它的头部、颈部和背部都有暗色鬃毛，下巴和脸颊下也有稀疏的毛发，扁平的轮廓和圆形的耳朵使人们可以轻松地认出它：确实是一头狮子，一头雄性狮子，更准确地说是一头亚洲狮，比非洲狮略小但仍令人敬畏，它曾遍布包括伊比利亚半岛的整个欧亚大陆。

狮子面前有一处白色的石头洞穴，洞穴上面长着一棵孤独的、瘦弱的小树，洞穴里还有三只黄色的幼崽：有一只可能在睡觉，而其他两只则蜷缩着，它们都朝着可能是它们父亲的成年狮子，成年狮子张着嘴巴，离幼狮们很近。然而，这头猫科动物一点也不凶，令人惊讶的是，这头没牙的狮子展现出一种强烈的、几乎是亲切的像人类一样的表情，就像在说话一样。这里发生了什么事情？

这头友善的狮子展现了一个流传许久的中世纪传说，相传幼狮出生后会睡三天，然后狮子父亲的咆哮声会将它们唤醒。中世纪最重要的通识百科全书《词源》的作者伊西多尔·迪·塞维利亚证实了这一点，该书涵盖了所有存在的事物，包括狮子："当它们生下一个幼崽时，这个幼崽据说会睡三天三夜，然后，当父亲的低语或咆哮震动洞穴（窝）时，它才会醒来，并且行走。"[1] 更晚的加洛林王朝（8世纪中叶至10世纪统治西欧法兰克王国的封建王朝，编者注）时期的其他作家则有更进一步的论述：根据主教和学者拉巴诺·毛罗的说法，狮子的幼崽不是睡觉，而是在出生时就死了，需要父亲的干预才能

---

[1] 选自圣依西多禄的《词源或起源》第十二卷第二章第3～6节（安杰洛·瓦拉斯特罗·卡纳莱编辑，2006年UTET在意大利都灵出版）。

在四叶草画框里的狮子

复活。[①] 这就是通过手稿和论文，随着时间推移而逐渐确立并一直传播到文艺复兴时期的版本。例如，在1210年左右的一份英文手稿《阿什莫尔动物志》[②]中，狮子作为被赋予了广袤空间的动物之王，在一幅美丽的图画中描绘了两头狮子，它们为了让幼狮复活，正试图温暖和舔舐那些僵硬如鼹鼠的幼崽。直到15世纪甚至更久，《阿什莫尔动物志》被视为科学论文，但是它讲述道德上的问题，将人类的特征、恶习和美德都归于动物。因此，野兽不再是自然生物，或不仅仅是自然生物，而是一种象征；至少当狮子发出如此热情和强大的咆哮，使人焕发生机时，它就是基督和他的复活的象征。

当时几乎没有人，特别是插图画家、编纂者、修道士和学者，曾经亲眼见过真正的狮子；但他们信任古代著作、神父和经典作家们的权威，这些作品中有大量的动物描述和故事。事实上，伊索、希罗多德、老普林尼、吉列尔莫·基里科、巴托洛梅奥·安格利科等人都提到了狮子。例如，老普林尼讲述了狮子会放过跪拜在他面前的人，不攻击女性，还会将力量保留在胸部，还有狮子的血是黑色的。

这种说法也是意大利文艺复兴时代画家乔托·迪·邦多纳所采纳的，乔托是当时最伟大的画家之一，他于1303～1305年在意大利帕多瓦的斯克罗韦尼小教堂北墙上绘制了他的杰作——在一个非常类似四叶草的花瓣形状的四边形中的狮子。狮子，也许是被镶嵌在教堂墙壁上的900平方米的绘画中唯一拥有独立空间的野兽，教堂壁画可视为一本"插图丰富的书"，狮子成为其中两个重要组成部分之一。该教堂壁画连贯地讲述了从圣若亚敬被驱逐出圣殿到最后审判的过程，同时也是一种利用建筑，掩盖和虚化了帕多瓦的斯克罗韦尼小教堂墙壁的艺术世界，让观众沉浸在一个多彩的、全景的和令人眼花缭乱的

[①] 请参见拉巴诺·毛罗的《宇宙论》，从那时起，关于狮子幼崽的死亡的想法占据了优势，而更现实的是认为它只是睡着了。

[②] 请参见 bestiary.ca/beasts/beast78.htm.

拯救之旅。在北墙即入口右侧没有窗户的那面墙上，四叶形被放在视线水平位置，它被嵌入两个场景之间，而背景是假的大理石，卡斯玛特大理石工艺和洞穴画；它们不是随意放置的，而是构成了一种修辞强调，与它们预示的主要宗教故事相呼应：比如，约拿被海怪吞噬强调了耶稣的死亡，先知以利亚被带到天堂则强调了他的复活，而关心人的狮子则强调了"不要碰我"，即复活的基督，抹大拉的马利亚在花园里遇见复活的基督时，紧张地跪在巨大的红褐色披风下。

即使是意大利的杰出大师乔托，能将事物和情感的"真实"带回西方绘画里，也从未亲眼见过真正的狮子，但是他可以利用无数的记忆、古典雕塑和浮雕、小型画作、壁画，还有罗曼式、哥特式的大型雕塑作为模型来绘制。欧洲最后一头狮子可能已在公元1世纪被罗马人杀死，但西方文明从未能摆脱关于这头野兽，还有其多样化且富有意义的象征：无论是希腊的异教世界，还是犹太和基督教的一神教世界，都将这头大型猫科动物置于一个复杂而丰富的价值和信仰体系的中心。

森林之王狮子与以色列国王大卫和他的王国有关；与先知但以理有关，但以理被邪恶国王扔进狮子坑，但没有被狮子吃掉；同时狮子也出现在拿细耳人参孙和英雄海格力斯的故事中，前者将狮子徒手击杀，后者在12项艰巨任务中杀了它；狮子是力量和王权、公正和宽宏大量的象征；狮子是黄道十二宫中的一个星座，代表太阳和黄金，代表充满夏天的季节；如果有翅膀，它就是马可福音书作者和"他的"城市威尼斯的形象；狮子象征多样，既代表着基督战胜邪恶的形象，有时也代表着邪恶和骄傲；它是圣杰罗姆的宠物，这位伟大的神父和旧约圣经的翻译者，根据一则广为流传的传说，他从狮子的脚上拔出了一根刺，赢得了狮子的信任和永久的友谊；狮子是殉道者英勇和不屈不挠的力量的象征，因此经常像一只普通的小狗一样被拴在绳索上；狮子也是一个或站或立的纹章徽章，还有无数其他的含义。

所有在艺术史上占有一席之地的动物中，也许狮子是最不可或缺、无处

在四叶草画框里的狮子

不在和多面性的,可以说深深地植根于人类集体潜意识中。《狮子王》证明了人类仍然想要与这些古老的猫科动物玩耍。

乔托,《狮子和它的幼崽》

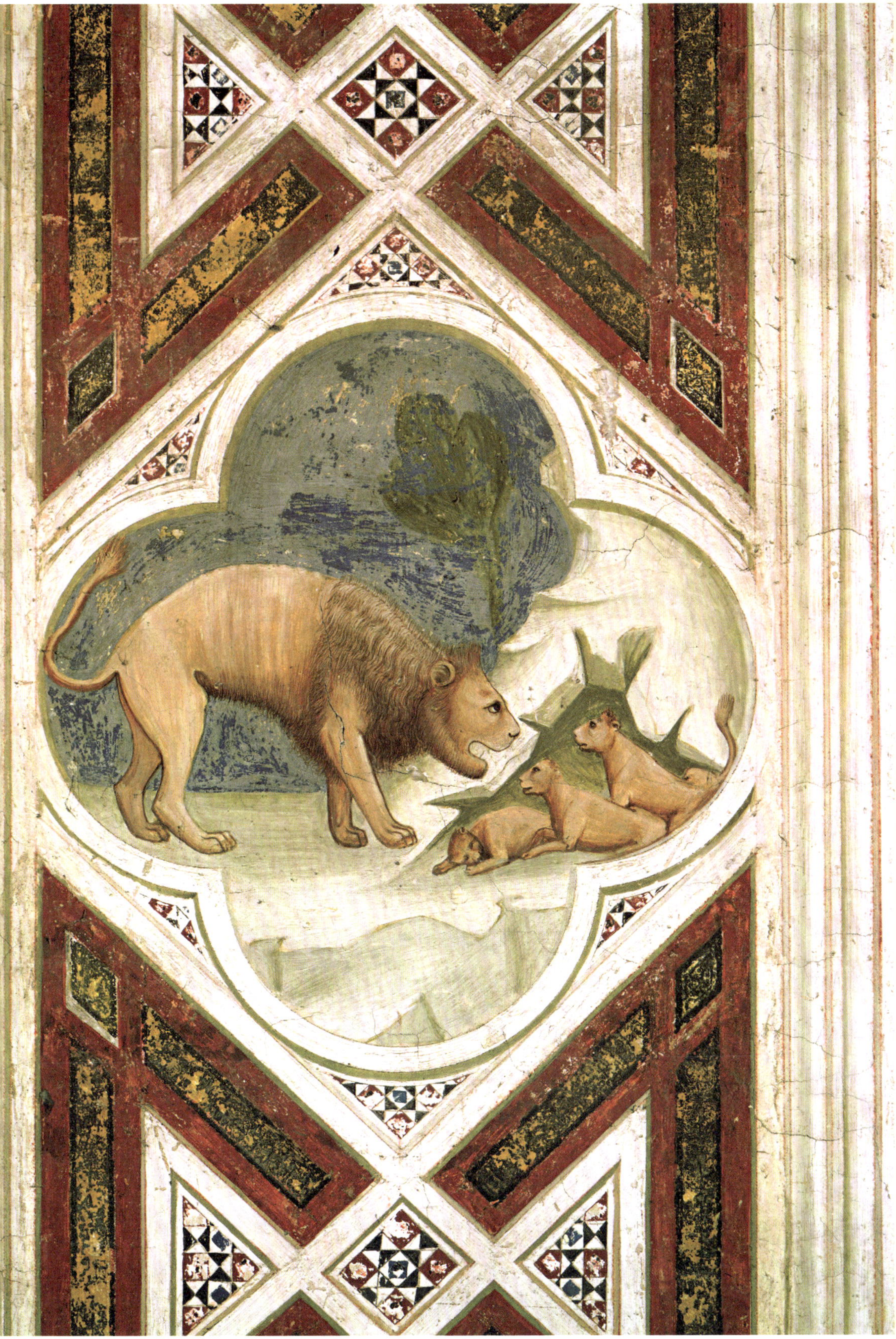

相生相伴
艺术作品中的动物故事

狮子王

　　除了非洲以外，印度是野生狮子自由活动的国家；而亚洲狮也只剩下了印度作为其唯一的栖息地。

　　国际自然保护联盟（IUCN）目前只承认两个亚种的狮子：非洲狮和亚洲狮。[①] 据估计，目前亚洲狮的种群数量在 600～800 头，主要分布在印度古吉拉特邦的萨桑吉尔。

---

① 参见国际自然保护联盟的濒危物种名单 www.iucnredlist.org.

在四叶草画框里的狮子

据不同专家组的估计，非洲狮的数量为2万～3万头，主要分布在撒哈拉以南的28个非洲国家。然而，狮子的历史分布范围参照过去已经减少了95%，并在26个国家已经灭绝。[1]

我们将关注的是亚洲狮，根据历史记载，它曾经在12世纪自由穿梭于今土耳其、伊拉克、伊朗、叙利亚、巴勒斯坦、阿拉伯、希腊和欧洲东南部部分地区。在印度次大陆，狮子分布于信德（今属巴基斯坦）、旁遮普及印度中部大部分地区，直到比哈尔邦的帕拉穆和南部边界的纳尔马达河。然而，没提到阿富汗或巴基斯坦俾路支省有狮子活动的记录[2]。

亚洲狮和非洲狮有哪些区别？虽然有一些形态上的差异，但这些差异并不是决定性的。腹部褶皱是差异之一，没有这个特征的狮子是非洲狮，而具有褶皱的狮子是非洲狮或亚洲狮。据认为，这个特征是由于近亲繁殖而发展起来的，亚洲狮从北非狮进化而来，数量上经历了"瓶颈效应"。差异可能还体现在毛发上，专家认为亚洲狮尾巴末端的毛发束更加明显，但这个特征仍然难以确定。此外，人们认为亚洲雄性狮子肘部的毛发束更加明显。鬃毛也是差异之一，雄性亚洲狮头上的鬃毛较少，耳朵露出来，但也有一些非洲狮的鬃毛比较少，例如肯尼亚萨沃国家公园的狮子完全没有鬃毛。

经常打猎的猎人认为非洲狮体形更大。与此相反，两个亚种的狮子体形的平均值相近。亚洲狮全年繁殖，平均每胎生2～4头幼崽。非洲狮和亚洲狮的狩猎方式有所不同，这是由于森林和栖息地的自然环境不同造成的。雄性非洲狮经常狩猎。然而，对于两种狮子来说，生活通常包括长时间的睡眠或休息，以及短暂的高强度活动。

几个世纪以来，狮子一直是皇家权力的象征。西方历史上，狮子比老虎更常见：在中世纪文学、硬币、艺术、珍贵物品和建筑中都有它的身影。在印度，在象征和标志中使用狮子是从11世纪后半叶开始，随着大型印度教王

---

[1] 数据源自猫科动物组织（https://panthera.org）。

[2] 请参见诺曼·博伊德·金尼尔的《东南亚狮子的过去和现在分布》，刊于《孟买自然历史学会会刊》1920年第27卷第1期。

相生相伴
艺术作品中的动物故事

朝——南达王朝、孔雀王朝和古普塔王朝的崛起而变得重要起来。阿育王的狮子柱曾是印度的国徽。就宗教方面而言，狮子在印度教的四部经典之一《吠陀经》中被提及；它是女神杜尔加的神圣坐骑（后变为老虎，编者注），也被尊崇为维希努神的化身纳拉西姆哈，被描绘为半人半狮的形象。马哈维拉和佛陀也把狮子作为他们的象征。释迦牟尼佛的第一次讲道被称为"狮子吼"，他本人被称为"释迦狮子"。在印度教神话中，狮子是王权的象征，国王和他的宝座——狮子座椅，是不可分割的。

狮子的象征意义在人类社会中无处不在，即使在那些从未有过狮子活动的地方也是如此。许多印度地区采用"辛格"（意为狮子）作为称号而非姓氏，以反映他们作为战士或统治者的地位，就像这种动物所具有霸气。这在锡克教徒中尤为普遍，他们经常使用"辛格"作为自己的姓氏。

然而，在印度次大陆，狮子的历史记录在莫卧儿帝国（16—19世纪）之前很少被人们所了解。莫卧儿帝国的统治者非常热衷运动，他们详细记录了自己的狩猎经历，并在画作中加以描绘，此外他们还拥有巨大的兽栏。狩猎狮子的记录主要出现在皇帝阿克巴和他的儿子贾汉吉尔（分别是第三和第四位莫卧儿帝国皇帝）的时代[1]。有证据表明，现在的印度马图拉附近，靠近阿格拉的著名泰姬陵，曾经有皇家狩猎活动的记录。

狩猎狮子曾是皇室的专属特权，后来成为统治印度的英国官员的活动。被猎杀的狮子数量不为人知，但这是导致该物种从其自然分布区域消失的主要原因之一；特别是比起更难在茂密丛林中追踪的老虎，人类更习惯在草原和开放的森林狩猎狮子。

狮子和人类通过相互观察和了解，在印度次大陆上的生存关系发生了改变。今天，人们可以在萨桑吉尔见证这种独特的关系，在当地牧民社区马尔哈里（称为"内斯"）人类与大型猫科动物共同生活。马尔哈里位于吉尔国家公园旁边，占地面积1412平方千米，在那里狮子和人类都在各自的领地内保持着舒适的"社交距离"。

到1850年，除了印度的中央邦、

---

[1] 请参见 A. 迪维亚·巴努的《印度的狮子》，黑鸢出版公司于2008年在德里和拉尼凯特出版。

在四叶草画框里的狮子

拉贾斯坦邦和古吉拉特邦三个现代邦之外，很难在其他地方找到狮子。1873年之后，除了古吉拉特邦，别的地方再也没有狮子了。随着印度中部所有单个狮子的消失，皇家狩猎团开始将目光投向的古吉拉特邦最后的几头狮子：到1888年，他们已经射杀该邦除了位于吉尔纳尔丘陵的朱纳格特地区剩余的所有狮子，因此得名"Gir"。

朱纳加德的统治者注意到狮子数量急剧减少，于1879年承诺保护其管辖范围内的动物。次年，纳瓦卜（印度莫卧儿帝国皇帝赐予南亚土邦的半自治穆斯林世袭统治者的一种尊称）在整个国家禁止狩猎和捕捉野生动物。这是印度独立前的早期保护实践之一，与保护大象的立法时期相同。

在与濒临灭绝近距离接触后，狮子现已经在古吉拉特邦的这个半岛地区，生活了超过120年。

几经起伏之后，从1985年开始，狮子的数量开始稳步增长。以下是几十年来狮子数量的估计值。大多数普查都是通过使用饵料进行的：由于狮子是群体生活的，它们被隔离并用水牛肉饵料快速统计。

1880年 < 12头

1893年 31头

1907~1920年 60~70头

1950年 217~251头（印度独立后第一次对大型动物进行普查）

1963年 285头

1968年 177头

1979年 205头

1985年 239头

1990年 284头

1995年 265头

2000年 327头

2005年 359头

2010年 411头

2015年 523头

2020年 674头（161头成年雄狮，260头母狮，116头青年狮子和137头幼崽）

全球野生动物的数量在过去的40年中下降了超过60%，而狮子的适应力和人类的包容性至关重要。在古吉拉特邦，狮子狩猎野生动物和家畜。这是在当地人的支持下才可能实现的；显然，人口数量已经激增，曾经是特色村庄的地方现在已成为充满生机的城市。

相生相伴
艺术作品中的动物故事

这里的人们不仅对这些在人口密集地区自由活动的动物持宽容态度，而且非常自豪于在家门口拥有狮子。现在，一半的野生动物生活在占地3万平方千米，一直延伸到阿拉伯海岸的吉尔国家公园区域内。这一地区的人们对狮子的自豪感越来越强，使得亚洲狮被越来越多地被称为"吉尔狮子"。

据专门从事野生动物和猫科动物研究的生物学家拉维·切拉姆表示，亚洲狮是印度保护成功的一个非常好的例子，但这种成功需要持续的监测、长期的规划和管理。

根据科学保护和谨慎的原则，不应将所有濒危物种的个体都集中在一个地方，因为这相当于把所有的鸡蛋放在同一个篮子里，风险极高。切拉姆正在计划转移一些狮子个体，以建立一个地理上分离的新狮子种群，这样可以降低风险，从而保护它们。

一项新的研究表明，印度狮的基因多样性非常差，它们都是近亲。"这导致了颅骨缺陷，精子数量低和睾酮水平低，以及更少的鬃毛。"[1]

为了保护这个物种免受瓶颈效应的影响，人类迫切需要建立第二个基因库，1993~1994年，犬瘟热病毒（CVD）已经夺去了塞伦盖蒂（非洲坦桑尼亚西北部至肯尼亚西南部的地区）三分之一的狮子。2018年10~11月，在吉尔发生了一次犬瘟热疫情，导致40头狮子死亡；幸运的是，这种疾病的毒性已经减弱，但根据科学家的说法，如果在吉尔再发生一次疫情，这个物种可能会在一夜之间灭绝。

20世纪90年代中期以来，已有9000万欧元的资金被用于印度中央邦的库诺－帕尔普尔野生动物保护区，该保护区被称为濒危动物的第二个家园。但是，该保护区没有狮子！因为古吉拉特邦有一种独占感，不愿意出让狮子。

经过长时间的法律斗争之后，印度最高法院于2013年4月裁定，狮子必须在六个月内完成转移。尽管最高法院作出的裁决有科学依据，且库诺－帕尔普尔野生动物保护区已经准备好接纳狮子，但古吉拉特邦政府仍然反对并延迟转移一些狮子用来建立第二个种群。古

---

[1] 请参见马克·曼努尔、罗斯·巴内特等的《灭绝和现存狮子的进化历史》，刊于《美国国家科学院院刊》2020年第117卷．https://www.pnas.org/doi/full/10.1073/pnas.1919423117．

在四叶草画框里的狮子

吉拉特邦政府提出了许多基于对生态学怀疑的论点，这些论点主要受到地方政治和短期利益的驱动，以证明古吉拉特邦政府的阻挠立场。该邦还向最高法院提出了请愿书，但政府必须采取行动来遵守法院的命令。

印度政府宣布了一项"亚洲狮保护计划"，拨款达 9.785 亿卢比，声称亚洲狮是有关部门确定的 21 种濒危物种之一，理应受到保护。亚洲狮是孟买地区特有的物种，分布在古吉拉特邦的吉尔地区。

在编写此页的时候，据报道在吉尔国家公园内发生了一场巴贝虫病流行病（2020 年 4～5 月），导致约 20 头狮子死亡。巴贝虫病是由血液原虫巴贝虫引起的一种疾病。

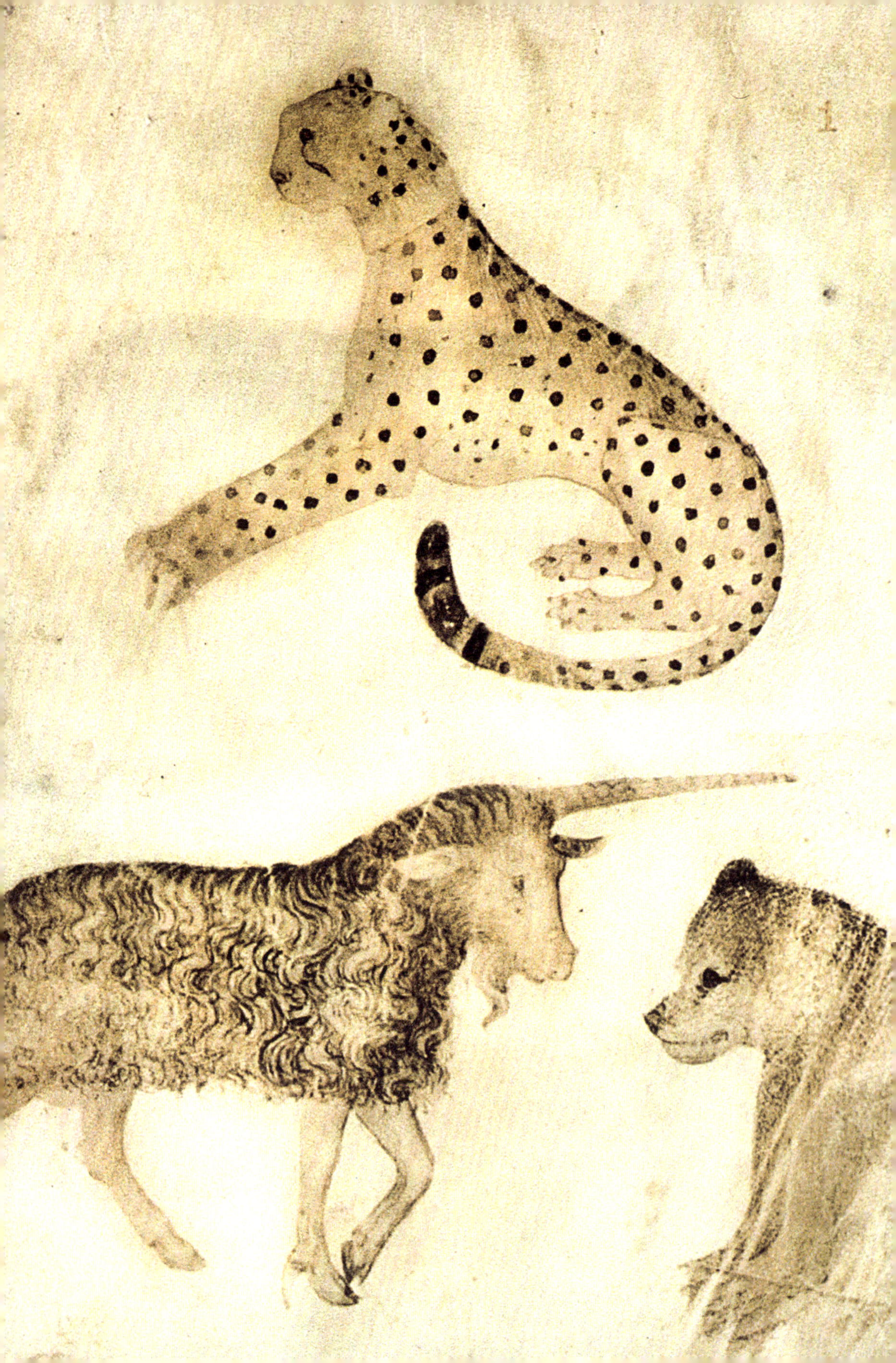
1

宫廷猎豹

相生相伴
艺术作品中的动物故事

14世纪下半叶，意大利维斯孔蒂家族的花园和兽栏里豢养着大量的动物①：各种观赏鸟类、拥有美丽羽毛的孔雀、用于狩猎的猎鹰、胆小的鹿，还有不同种类的猛兽，比如狮子、豹子、猎豹，还可能有猞猁和其他的猛兽。

被称作国际哥特式艺术②最具代表性人物之一的乔瓦尼诺·德·格拉西，就曾在他著名而珍贵的羊皮纸素描本③上，描绘出这些动物的各种姿势，画本是为他及其工坊准备的，而他的工坊非常积极地为维斯孔蒂家族服务。这部作品是由几个分册组成的非常有趣的杂集，其复杂的归属和历史问题我们不在这里详谈，作品除了图形字母表（通过将字母与图形相结合，创造出一种独特的艺术效果，译者注）外还展示了一系列动物形象。在该领域非常有权威的意大利学者之一玛利亚·格拉齐亚·雷卡纳蒂曾写道："在乔瓦尼的画本上，动物们的排列仍然部分地遵循着过去传承下来的标准，更常见的是将插图记录在不同的登记册上，以便可以更精准地研究每个动物的特征，这种模式在15世纪初期的伦巴第和佛罗伦萨的模型书中很常见。然而，格拉西的绘画标志着对中世纪传统明显的超越，因为它不仅精细地描绘了解剖细节，还表现出了运动的活力和动作的特征；在实践中，图形字母表本身已被当作一项发明来使

---

① 意大利编年史学家、多明我会（天主教托钵修会之一）修士加尔瓦诺·菲亚玛在1330～1344年编撰的《大编年史》中详细地记录了伦巴第宫殿的奇妙景象；特别是关于塔楼、鸟舍和大厅的描述，可以参考《意大利历史文献》第十二卷，第1011～1012页。
② 在14世纪后期，乔瓦尼诺·德·格拉西是米兰大教堂的一位绘画家、设计师和建筑师，是维斯孔蒂家族中最重要的艺术家之一。他的出生年份在1355～1360年之间，于1398年去世。
③ 这件作品保存在意大利贝尔加莫市立图书馆。

用,随时能够被流传或解读,而且格拉西通过运用象征主义、徽章的图形模式以及中世纪样本的典型化样式,结合对自然的观察和新的绘画理念,转化出了一种新的模式"[1]。

  章名页左侧的画中,展示出一只美丽的猎豹的侧面,它蜷缩着后腿,长长的灵巧的尾巴优雅地弯曲在腹部下方,胸部像猎犬一样,小而圆的头部上有着从眼睛一直延伸到嘴角的明显的黑色条纹。皮毛具有点状、圆形斑点的特征,这要归功于(艺术家使用)画笔时的细微碰触。尾梢是黑色的,艺术家的观察甚至延伸到了后腿的爪子上,这些爪子并没有完全缩起来,以便动物在奔跑时更好地附着在地面上,从而能将它与其他的猫科动物区分开来。其中一个细节是:这种动物不是野生的,它戴着华丽的项圈,是宫廷兽笼里引以为豪的珍贵物种。总体来说,这幅画作华丽、易引发共鸣且非常有表现力,猎豹在画中占据主导地位,而其他部分则由一只毛茸茸的有着山羊皮的奇幻生物和一头只能见到部分的蜷缩着的棕熊组成。

  雷卡纳蒂曾评论道:"用笔划出了一个区域,在这个区域内,细腻的光亮、小水彩颜色的斑点和有时沿垂直方向涂抹的少量颜料勾勒出了动物的外表,还节省了羊皮纸。几乎完全采用棕色这一单色能使艺术家集中精力来关注阴影的区域和展开对空间的构想。"[2]

  中世纪,人们了解素描本,即准备好的模板,可以插入复杂的组合装饰,如整个房间的壁画装饰或豪华手稿中的珍贵彩页,这些素描本早于乔万尼诺的时期。然而,大多数情况下,动物被解释为一种象征或纹章形式:代表着人类的缺点和优点,展现了人性中积极或消极的某些特征;在这些笔记本中,我们可以找到古人绘制古代动物图鉴的智慧或思想,以及道德、范式与自然关系的痕迹,这类道德和范式在整个中世纪占主导地位。随着乔瓦尼诺·德·格拉西

---

[1] 请参见玛利亚·格拉齐亚·雷卡纳蒂的《安杰洛·迈市立图书馆的素描本》(1998)的第17~18页。关于乔瓦尼诺的"动物主义",还可以参考玛利亚·格拉齐亚·雷卡纳蒂的《乔瓦尼诺的素描本》(2005)和 V. 塞格雷·鲁茨的《动物世界的真实研究》(2000)。

[2] 请参见玛丽亚·格拉齐亚·雷卡纳蒂的《安杰洛·迈市立图书馆素描本》(1998)第21页。

相生相伴
艺术作品中的动物故事

的出现，情况发生了变化：动物不再是象征，不再是怪物或杂交物种，也很少是描述遥远土地上的神奇生物，而主要是活生生的生物，是对世界无法抑制的多样性和壮丽的好奇和敏感观察的结果。因此，马可·罗西写道："这不是中世纪意义上的模型，而是一组真实的研究，能够焕发活力和更新……任何形式的艺术。"[1]

这是一个非常重要的方面：从道德化的模式到"真实观察"，涉及艺术和科学的转变，从亚里士多德的物理学到实验科学，从中世纪的大师到达·芬奇。罗西继续说道："除了了解中世纪动物图鉴的传统外，他（乔瓦尼诺）还可以观察公园和公爵庄园中饲养的动物，通过绘画研究，还在手稿和墙壁上复制它们，几乎是永久保留那种自然主义的视角，当然其中也不乏装饰和象征的成分。"[2]

在所有这些动物中，艺术家经常关注美丽的猎豹，如果不是地位特殊，那么也许是因为资助人吉安·加莱亚佐·维斯孔蒂将这种动物加入了他的纹章[3]里。乔万尼诺、他的工坊以及他的儿子萨洛莫内负责的作品——维斯孔蒂领主委托制作的珍贵手稿的微型画，和许多在帕维亚及其他城堡中绘制的整个房间诸多装饰里，可以找到所有姿势的猎豹，包含静止不动的、坐着的、躺着的或奔跑着的。并非所有作品都是大师的手笔，有时候，就像在由工坊完成的野兔页面上，会在后来相当长的时间被错误[4]地称作豹子或猎豹[5]。

这些图像描绘了"一种环境情况，在乔瓦尼诺·德·格拉西的绘画中从

---

[1] 请参见马可·罗西的《乔万尼诺·德·格拉西》（1995）第45页。
[2] 同[1]，第47页。
[3] 在此感谢玛丽亚·格拉齐亚·雷卡纳蒂提供的宝贵灵感和无私帮助。
[4] 所有在素描本页面上的有关动物说明的文字都是至少一个世纪后写的。除了第4v页上有乔瓦尼诺的手迹外，还有四种手迹被认出。参见朱里奥·奥拉齐奥·布拉维的《乔瓦尼诺·德·格拉西的素描本》（1998）第11页。
[5] 这些作品并不是乔瓦尼诺亲笔完成的，而是由工坊或其儿子萨洛莫内完成的。参见玛利亚·格拉齐亚·雷卡纳蒂的《贝尔加莫安杰洛·迈图书馆的素描本》（1998）第21页。

宫廷猎豹

未明确表达,但往往可以想象出来,因为他在寻找景象时具有明显的不协调性。在许多情况下,这似乎应归因于对现实的直接记忆,这种记忆是在中世纪传统遗留下来的模式中表现出来的,比如整个形状通常是侧面布局,腿在行走和跳跃时的刻板印象。动物们通常被描绘在摆好的姿态中,画家经常捕捉到它们步伐的微妙瞬间、内在的动态感,详细地描绘了肢体在行走中的弹性"[1]。

从素描本开始,这些对真实精细而准确的观察转移到了《维斯孔蒂官方祷告书》,这是一本有史以来最不寻常的彩绘书[2]:

"乔万尼诺通过使用几乎液态和透明的色彩层次来强调绘画的质量,创造出色彩斑点和光影的变化,从而提高了绘画的艺术价值。可以从面部造型、头发和胡须的渲染以及织物的褶皱中猜测出潜在的设计。在页边的空白处,艺术家画了猛禽……鹿或猎豹等动物。这些图案的纹章意义似乎只是一个借口,为的是可以在页面上做'真实'的研究。"[3]

实际上,在珍贵的彩绘书边缘,有四只猎豹以不同的姿势被展示,他们在装饰有总状花序图案的空间里,总状花序图案是以藤蔓、树枝、花朵、叶子的簇状形式出现的。

有时人们会将猎豹和豹子混淆,值得注意的是,除了称呼不准确,还因为猎豹有着优美的苗条轮廓和既长又细的腿,这些特点也出现在维斯孔蒂亚城堡墙壁上所绘的豹子身上;毫无疑问根据乔万尼诺工坊的画法——用三个黑点而不是单个黑点来画,并且排列成理想的三角形——这是一只豹子;此外,画中的豹子嘴上没有按类别划分的黑色条纹,也从不佩戴项圈[4]。

然而,尽管乔瓦尼诺和他的助手们肯定多次见过和遇到这两种物种,我

---

[1] 请参见玛利亚·格拉齐亚·雷卡纳蒂的《贝尔加莫安杰洛·迈图书馆的素描本》(1998)第 22 页。
[2] 保存在意大利佛罗萨中央国家图书馆的 BR 397 手稿。
[3] 请参见·博拉蒂的《伦巴第地区的晚期哥特式绘画》(2003)第 207 页。
[4] 素描本上的动物已被佛罗萨大学自然博物馆的斯佩科拉动物博物馆专家鉴定。参见朱里奥·朱里奥、玛丽亚·格拉齐亚·里卡纳蒂的《乔瓦尼诺·德·格拉西绘画手稿的评论》(1998)第 54 页的附录。

······ 相生相伴 ······
艺术作品中的动物故事

们也想知道，他们对豹子和猎豹之间的区别有什么想法；特别是当时猎豹广泛分布在印度到黑海的欧亚大草原地区，同时也分布在包括非洲大部分地区在内的广袤区域，只有最极端的沙漠地带不适合它们生存。捕捉猎豹并不困难，尤其是一旦被抓住，猎豹会变得亲近人类并容易驯服，成为合适的表演动物，它们优雅，富有异域风情，还有装饰性，尤其在晚期哥特式花园的追逐狩猎和表演中，更是一道壮观的风景。

这些动物到底是什么？"Ghepardo"来自法语"guépard"，源自更古老的"gapard"，这个词也衍生出意大利语中的"gattopardo"，但这是完全不同的动物。圣伊西多禄曾说，豹子是"有着五颜六色的斑点皮毛和极快速度，时刻准备好进攻，能够一跃而起击败对手"的动物。"豹子是由一头雌狮和一只黑豹不自然地交配而生的……正如普林尼在他的《自然史》[①]中所说的，雄狮会与雌黑豹交配，或者雄黑豹会与雌狮交配，而这两种交配都会产生一种有缺陷的后代，就像驴和马杂交生出骡子一样。"[②]这些观点使得豹子以及所有有斑点皮毛的动物都显得可疑，它们被视为某种魔鬼的创造物[③]，或者象征着淫欲；菲拉佩尔的豹也是《雷纳尔之歌》中的一个角色，这是一部讲述拟人化的狐狸和其他森林生物的故事，它们都是不同的人性特征的拟人化形象。这部作品写于12世纪，但在200年后仍很受欢迎。[④]

尽管乔瓦尼诺和他的追随者们有着真实的观察，但作为一个独特而明确的猫科动物，猎豹却没有任何可以查询到的古代记录。

在这个历史阶段，绘图师和艺术家比"科学家"更了解自然。

[①] 根据普林尼的《自然史》第八卷第42章。
[②] 请参见圣伊西多禄的《词源》第二卷第10~11章，由安杰洛·瓦拉斯特罗·卡纳莱编辑，2006年UTET在都灵出版。
[③] 请参见米歇尔·帕斯图罗的《象征中世纪》，（2019）第48页。
[④] 请参见阿尔芒·斯特鲁贝尔、罗杰·贝隆和西尔维·勒维尔夫的《狐狸列传》，1998年Gallimard出版社，在巴黎出版。

乔瓦尼诺·德·格拉西，
《猎豹、独角兽和棕熊》

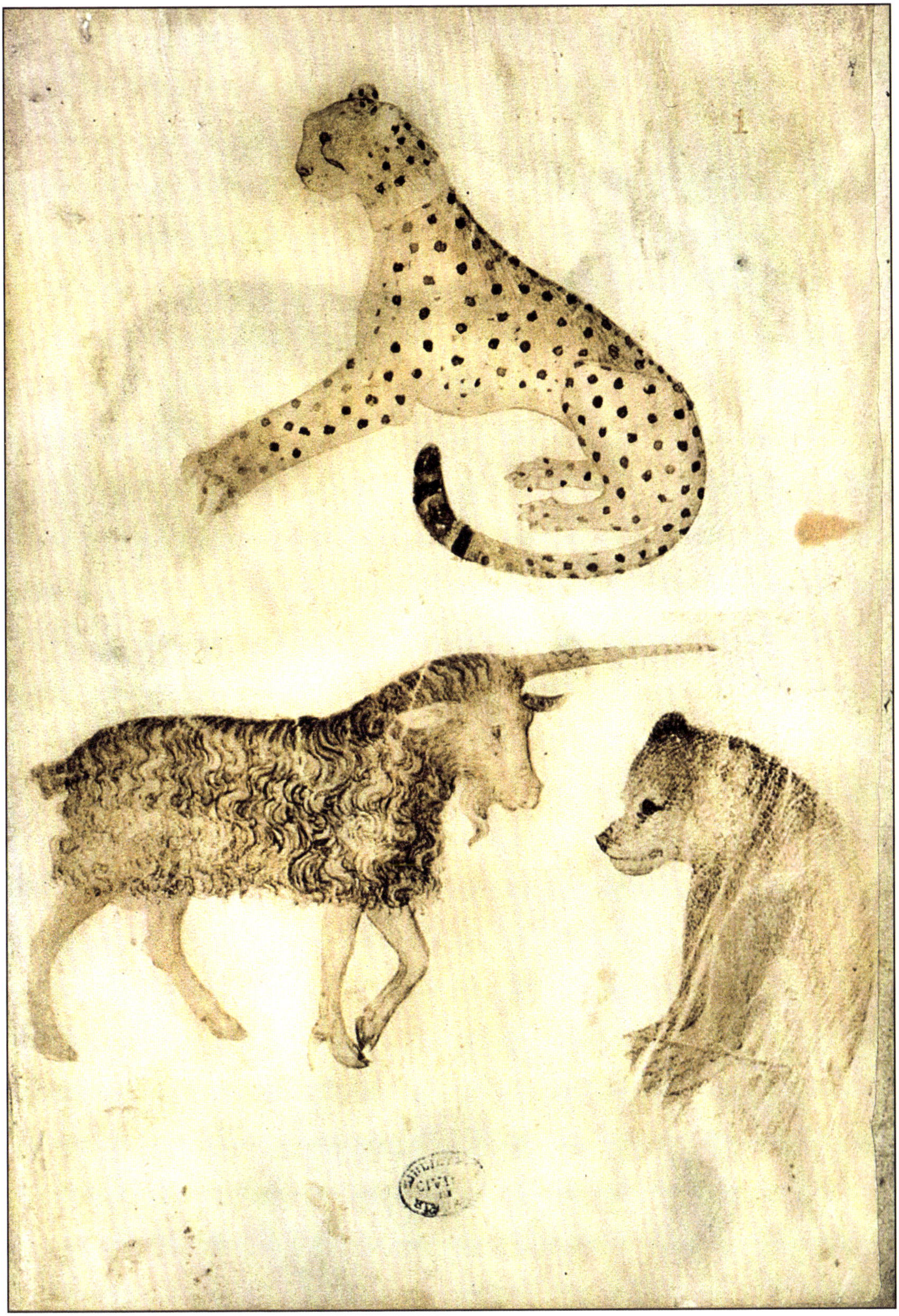

相生相伴
艺术作品中的动物故事

猎豹能跑过物种灭绝的速度吗？

可以说，人类对速度刺激的追求，与猎豹形成了强烈的象征性联系。

在广阔的非洲大草原上，一只猎豹正追逐着一只逃跑的羚羊，猎豹的速度让人惊叹不已。飞快的速度和在追逐中不断出现的惊险环节已经吸引了观众数十年。即使无法区分猎豹、豹子（或美洲豹）——这些大型的带有斑点的猫科动物，人们也知道猎豹是地球上速度最快的动物。对于不知道黑斑猎豹和美洲豹之间的区别的人来说，沿着脸颊的黑色"泪痕"是消除疑虑的最明确特征。

猎豹是天生的速度型选手，肌肉和肌腱也被塑造得很好，是天生就能在

宫廷猎豹

大草原上跑快过任何猎物的动物。它拥有流线型的苗条身材和一条能够提供必要平衡的长尾巴，速度可以在短距离内达到100千米/小时，但在狩猎时，速度会根据猎物、移动性和地形而有所减慢。据了解与其他大型猫科动物不同，猎豹只在白天狩猎，然而在人类主导的时代，不幸的是，提供给猎豹的空间正在减少。

曾经分布在整个非洲和亚洲的猎豹，现在只能在亚洲看到。而亚洲剩余的一小部分亚洲猎豹存活在伊朗的保护区内，不到50只。要区分非洲猎豹和亚洲猎豹的话，需要观察尾部末端：非洲猎豹的尾巴末端有一簇白色的毛发，而亚洲猎豹的尾巴末端是一簇黑色的。

关于猎豹的分类讨论已经持续很长时间，根据国际自然保护联盟专门研究猫科动物的组织的猫科分类任务组（2017）修订的分类，目前存在四个亚种：亚洲猎豹、东北非猎豹、东南非猎豹和西北非猎豹。

东南非的亚种是指明亚种（又称原名亚种，译者注）。最近的研究表明，印度猎豹和东南非猎豹的线粒体DNA已经分化约7.2万年；而东南非猎豹和东北非猎豹的线粒体DNA分化约在13.9万年前。[1]

在非洲，猎豹已经失去90%的历史活动范围。20世纪70年代中期以来，非洲猎豹的数量已经从约1.4万只下降到今天的约7000只。国际自然保护联盟的红色名录（濒危动物名录）显示，非洲猎豹的数量估计为6674只[2]，其中约有4000只属于东南非洲亚种，分布在五个国家——安哥拉、纳米比亚、博茨瓦纳、莫桑比克和南非。

据英国伦敦动物学会动物学研究所的研究员、猎豹保护专家萨拉·M.杜兰特称，全球第二大猎豹种群（约1400只）位于东非，包括坦桑尼亚，肯尼亚的塞伦盖蒂、茨沃和莱基皮亚地区。非洲猎豹目前的分布范围为297.7万平方千米，约占该非洲大陆历史上曾分布范围（2334.1万平方千米）的13%。而亚洲猎豹的分布范围现在仅限

---

[1] 已经灭绝的印度猎豹的古老线粒体DNA表明，它与非洲猎豹的基因存在特别深远且意想不到的差异。《自然》杂志2020年3月16日发表了尼拉吉·拉伊、苏尼尔·库马尔、维尔马、阿杰·高尔等人的论文《来自已灭绝的印度猎豹的古老DNA支持与非洲猎豹的意外深度分歧》。

[2] 请参见国际自然保护联盟网站（www.iucnredlist.org）。

于伊朗的 14.7 万平方千米内，仅占历史范围 971.6 万平方千米的 1.5%。然而，需要注意的是这只是一个粗略的估计，因为出于安全原因，在许多潜在的非洲地区，人们仍然无法进入。

英语单词 cheetah（猎豹）的词源可以追溯到梵语：印度次大陆的古代印度 – 雅利安语。事实上，梵语中猎豹的词为 citrakāyaḥ，意为身体带斑点或斑纹。1952 年，猎豹在印度被正式宣布灭绝。不幸的是，最后一只野生猎豹在印度于 1947 年被杀死。印度科里亚土邦（位于如今印度中部查蒂斯加尔邦内）的苏尔古贾王公，开枪打死了最后的三只猎豹兄弟[1]。这位王公也是一生中杀死老虎最多的人之一。根据史料记载，被杀的老虎有 1150 ~ 1710 只。总之，这块土地对于动物来说是一块悲惨之地。特别是在莫卧儿帝国时期，猎豹对人类表现出的非攻击性行为（相比于其他大型猫科动物如狮子、老虎或豹）使其可以被训练用于狩猎羚羊（特别是印度羚）。猎豹曾是皇室的豢养动物。据说皇帝阿克巴（1556 ~ 1605 年在位）拥有一个能同时容纳 1000 只猎豹的动物园，并在一生中驯养了约 9000 只猎豹。[2]

阿克巴非常喜欢狮子、老虎和猎豹等猫科动物，还利用它们来狩猎。这位皇帝有独特的捕猎技巧，他的宫廷画师们还记录了他驯养和狩猎的过程。那个时代，猎豹被称为"打猎的豹子"，"猎豹"一词也常常被用于描述豹子。这种混淆在印度至今仍存在。然而，阿克巴不是第一个使用猎豹进行狩猎的人，这种猫科动物在狩猎这个角色中经验十分丰富。古代美索不达米亚人使用猎豹进行狩猎，同样的做法也出现在中国的唐代、元代和明代，在波斯（如史诗《沙纳美》中所述）和十字军东征期间也有这样的记录。

今天，猎豹面临众多威胁，捕捉和活体贩卖是主要威胁之一。海湾国家和美国的非法走私动物需求有增无减。《濒危野生动植物种国际贸易公约》（CITES）是政府间的国际协议，旨在

---

[1] 请参见 A. 迪维亚·巴努的《印度猎豹的终结》，牛津大学出版社于 2006 年在新德里和纽约出版。
[2] 请参见恩雅图拉·卡恩的《阿克巴和他的猎豹》，收录于《印度历史学会论文集》（2012）第 73 卷，第 461 ~ 469 页。

宫廷猎豹

通过对濒危野生动植物种及其制品的国际贸易实施控制和管理，确保野生动植物种国际贸易不会危及物种本身的延续，促进各国保护和合理利用濒危野生动植物资源。然而该公约允许捕捉一定数量的活体动物用于饲养和圈养，可以在非洲的博茨瓦纳、纳米比亚和津巴布韦狩猎。

在非洲，猎豹的生存空间也是一个问题。根据科学家的说法，猎豹与任何其他猫科动物都不同，猎豹的分布密度低，但分布范围广。此外，猎豹群体的内部分工是独特的。母猎豹通常独自带着幼崽生活。而公猎豹独自生存，或是在两三只兄弟组成的小群体中生活，然而有时研究发现，公猎豹还会和非亲属关系的雄性群体一起生存。

一个约有300只猎豹的族群，若想自给自足的话，需要一个占地约1万平方千米且有丰富猎物的栖息地。据估计，70%的野生猎豹族群在非保护区生活。栖息地逐渐减少和自然界猎物的缺失导致猎豹与人类产生了冲突，为保护牲畜，许多非洲国家颁发了猎杀这些猎豹的许可。这几乎使得人类和猎豹无法共存。

在过去几年中，另外两个人为障碍还加剧了猎豹的苦难。在非洲的栖息地中修建道路和屏障是现在引起猎豹和其他野生动物死亡的主要原因之一。在伊朗也是如此。研究员萨拉·M.杜兰特记录了一起在塞伦盖蒂国家公园内因车辆碾压而导致猎豹死亡的事件，这也凸显了管理不善和过度拥挤的旅游业会产生长期的问题，包括不成功的狩猎和远距离被捕杀的猎物。猎豹经常放弃猎物，让给其他大型猫科动物和食腐动物，一旦离开就不再返回。此外，猎豹不会吃别人的猎物或腐肉。

此外有报道称，一些游客冒失地将幼崽与其母亲分离，进而导致它们的死亡。

这只在塞伦盖蒂国家公园奔跑的猎豹成为众人瞩目的焦点。广袤的平原是否会使它们远离人类的贪婪，从而保护它们免于灭绝呢？

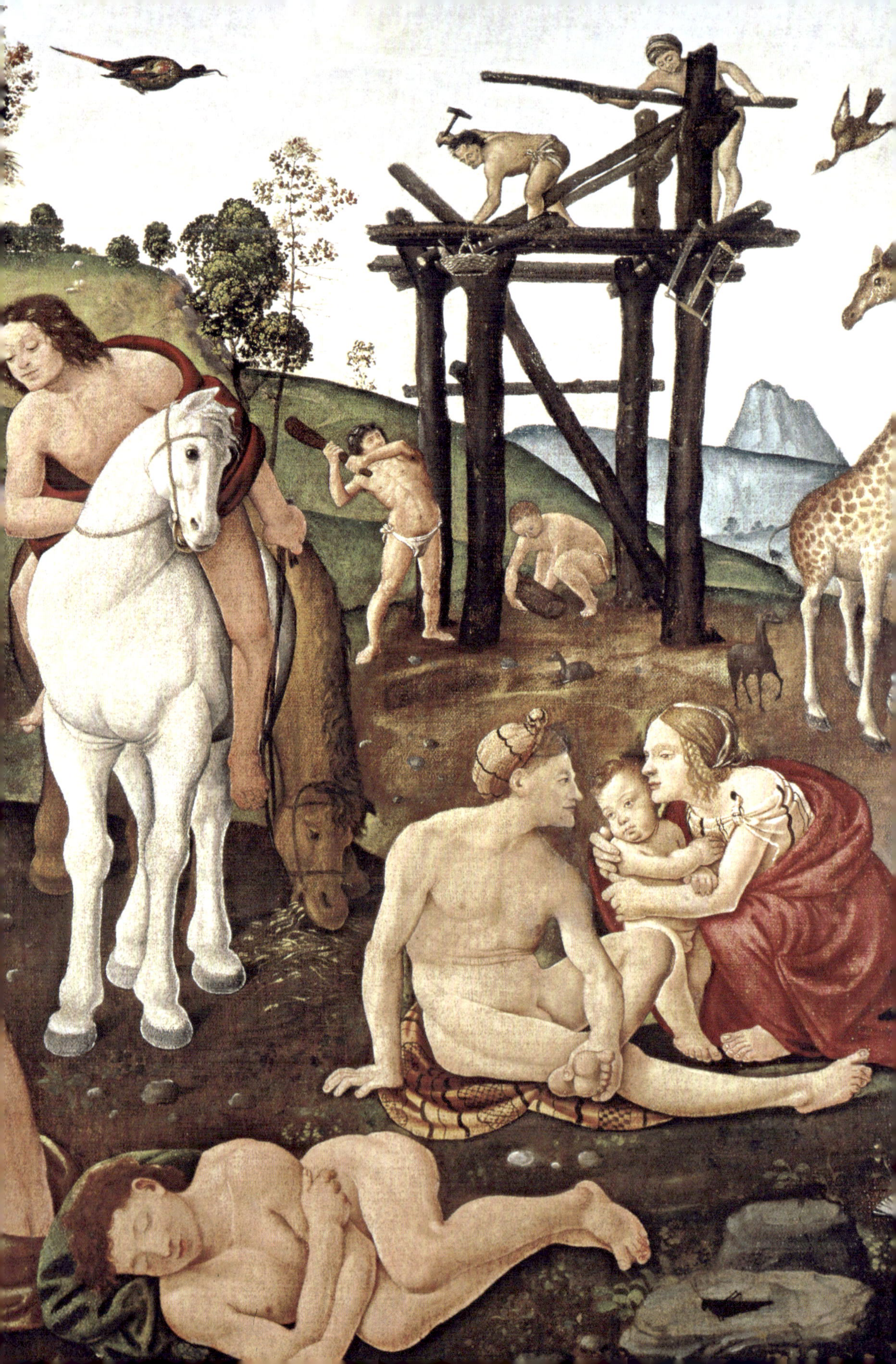

黎明的长颈鹿

.... **相生相伴** ....
艺术作品中的动物故事

  它在一个宜人的山丘风景中，优雅而柔和地向着右侧前进，优美的步伐带它越过画作的边缘。它正在回头张望，好奇而胆怯地看着四个强壮而半裸的木匠，他们正在用粗大的木头搭建一座原始房屋的框架。

  尽管与画家描绘的环境毫不相关，但毫无疑问，这确实是一头长颈鹿，更确切地说是一头网纹长颈鹿，可能在意大利托斯卡纳的一个乡村里悠闲地漫步，那里的人类和神灵正在努力发展文明。

  这幅画是皮耶罗·迪·科西莫（1462-1-2 ~ 1522-4-12）于1490年左右绘制的《火神和风神》[1]。这是一幅复杂的神话作品，一个关于"保护者"火神和原始人类的系列画作的一部分。在这幅画中，勤劳的朱庇特和朱诺之子教授他的凡人学生用金属进行锻造的基本技艺，他们在风之主艾俄洛斯的帮助下锻造一只马蹄铁，这里用皮革袋作为原始的风箱来控制火焰。

  这幅画曾被欧文·潘诺夫斯基做过著名的图像学分析[2]，探讨了佛罗伦萨艺术家的性格特点和对世界的近乎唯物主义的观念。正如瓦萨里所证明的那样，他是一个热爱大自然和动物的人，"他经常去看动物、草药或自然界奇奇怪怪的偶然出现的物种和事件，他对此感到满足和快乐，并完全沉浸其中"[3]。

  但长颈鹿肯定不会出现在意大利阿诺河畔，也不会出现在传说中的火神工坊和风神的居所的爱奥尼亚群岛，那么它在这里做什么呢？潘诺夫斯基解

---

[1] 画作《火神和风神》保存在加拿大国家美术馆，该美术馆位于渥太华，网址为 www.gallery.ca/collection/artwork/vulcan-and-aeolus。
[2] 请参见欧文·潘诺夫斯基的《两个绘画周期中的人类史前》（1975）。
[3] 请参见乔尔乔·瓦萨里的《皮耶罗·迪·科西莫的生活》，收录于罗马，卡西尼的《生命》（1991）第577页。

黎明的长颈鹿

释说，长颈鹿是一个广受追捧的暗喻，代表着在人类历史处于的那个阶段，有"还不怕人"[1]的野生动物，也得益于火神的慈爱，人类已经掌握了基本的技术——掌控火、精通金属工艺，因此带来了"原始文明简单幸福，能够满足建立家庭生活的基本要求，也就是一种和平的（不需要武力的）自给自足的文明"[2]。三位核心人物（母亲、父亲和孩子）的存在保证了这种幸福，他们与年轻的单身汉、骑士和众神灵一起居住和生存。因此，在那个时代，"家畜已经被饲养"[3]，而野生动物没有理由害怕人类。根据皮耶罗·迪·科西莫所引用的古典文献，这些野生动物与人类仍然保持着一种最初的友谊，这一点可以从古罗马文学家奥维德的《岁时记》和古罗马作家维吉尔的史诗《埃涅阿斯纪》第八卷中得到证实。[4]

这是文明的黎明，一个全新的、繁忙的时期，对人类和神灵来说都是如此。对于动物来讲，也是一个与历史无关的忙碌的日子，生活节奏和生活方式都没有变化。因此，"美丽的长颈鹿""带着胆怯的好奇心"[5]边回头看，边带着由画家完全编造出来的可能不存在的黑色幼崽，离开了即将步入文明的人类的未来家园。

皮耶罗·迪·科西莫可能正在寻找一种非常特别的动物，体现一种独特的文化与自然之间的辩证关系；需要从两个方面来解释这种令人羡慕但会有短暂不幸的状态，一方面是皮耶罗的系列画作[6]自身所处的时代，那时认为野蛮的远古人类被远古时期的野兽和自然力量所深深折服（可悲的是，这些与《创世记》中的"好野人"相距甚远）；另一方面是普罗米修斯之轮的循环（在故

---

[1] 请参见欧文·潘诺夫斯基的《两个绘画周期中的人类史前》（1975）第59页。
[2] 同[1]，第60页。
[3] 同[1]，第59页。
[4] 同[1]，第59页，注46和48。
[5] 请参见欧文·潘诺夫斯基的《两个绘画周期中的人类史前》（1975）第59页。
[6] 这个系列包括三个分散在世界各地博物馆的版画：《狩猎》《狩猎归来》和《森林火灾》。

．．．．．．．．．． **相生相伴** ．．．．．．．．．．
艺术作品中的动物故事

事中发生在稍晚的时期）[1]，普罗米修斯之火是从阿波罗的炽热战车上非法窃取的火种，而神"不允许人类解决自己的实际问题，代表着知识的明亮已经深入无知者的内心，而无知者只能以牺牲幸福和心灵的平静为代价来获取这种知识"[2]。在这个阶段，古人听从火神的指示，摆脱了对宇宙力量的恐惧和服从，将暴力的闪电驯化在温暖的炉火中，但古人不认为自己是神，也不认为自己能够支配自然界。在古时和中世纪的欧洲，非洲长颈鹿作为不为人所知的哺乳动物物种之一，以各种样本的形式被拜占庭帝国赠送[3]。事实上，自古以来，这种有蹄动物被描述得非常粗略，被认为是两种动物杂交所成，还认为它有缺陷，这也反映在它的传统名称上：驼豹，既有类似骆驼的外貌，又有豹子的斑点皮毛[4]。《阿什莫尔兽类志》[5]是13世纪初英国精绘的一本动物图鉴，其中描绘和描述了98种动物，但没有提到长颈鹿，甚至没有用驼豹这个名字来称呼它。即使在著名且广受引用的《自然论》[6]中，这种优美的非洲偶蹄动物也没有出现；马可·波罗提到过它，但不是基于直接的了解，而是引用阿拉伯的说法，称其为扎吉巴尔岛的动物，实际上是东非的动物："它们非常漂亮，尾巴很短、后腿矮，前腿和脖子非常高。它们离地面有三步高，头很小；它们不会伤害任何人，它们皮肤上有红色和白色相间的圆圈，看起来非常漂亮"[7]。

---

① 《普罗米修斯的故事》和《普罗米修斯神话》是皮耶罗·迪·科西莫的两幅自画像，用油彩绘制在木板上，创作于1515～1520年。它们的尺寸分别为68cm×120cm和64cm×116cm，保存在巴伐利亚慕尼黑的阿尔特皮纳科特博物馆和斯特拉斯堡的美术博物馆。
② 请参见欧文·潘诺夫斯基的《两个绘画周期中的人类史前》（1975）第64页。
③ 请参见查尔斯·D.卡特勒的《中世纪后期欧洲艺术中的异域风情》（1991）第161～179页。
④ 请参见M.帕斯图罗的《著名动物》（2010）第171页。"无瑕疵"至今仍表示某人的道德清白和诚实；由于有太多的斑点，长颈鹿本身就已经是有罪的（见于拉巴诺·毛罗的《宇宙论》）。
⑤ 藏于英国博德利安图书馆。
⑥ 选自F.赞邦编著的《自然论者》，Adelphi 出版社于1975年在意大利米兰出版。这篇文章是晚期古代的，于5世纪在亚历山大创作。
⑦ 请参见马可·波罗的《马可·波罗游记》第CLXVIII章，由M.西库托编辑埃托尔·卡梅萨斯卡的文本批判版，Rizzoli 出版社于1955年在意大利米兰出版，1981～2010年再版第431页。感谢阿南达·班纳吉的提醒。

黎明的长颈鹿

然而，这种描述在短期内没有找到对应的图形和动物，而长颈鹿在欧洲中世纪和后中世纪艺术中的第一次出现则要归功于林堡兄弟，他们在《贝里公爵的豪华时祷书》[①]里画了一幅画（1405～1409年）。然而，林堡兄弟从未亲眼见过真正的长颈鹿，画很可能是借鉴拜占庭的一种说法[②]；事实上，他们所描绘的动物没有棕色斑点或斑纹，而是一个有着短而圆润的嘴巴，顶部有两只向前弯曲的长角的动物。然而，当皮耶罗·迪·科西莫绘制这幅画时，他很可能亲眼看到了长颈鹿：长颈鹿连同其他埃及苏丹赠送给美第奇家族的礼物一起于1487年通过海运送到佛罗伦萨。长颈鹿在比萨登陆后，于11月11日到达佛罗伦萨，并立刻迷住了所有人。正如药剂师卢卡·兰杜奇在日记中所述，它是"一头非常大、非常美丽和迷人的长颈鹿；在佛罗伦萨，人们可以在许多地方看到关于它的绘画。它在这里生活了多年"[③]。这头长颈鹿在佛罗伦萨一直生活到1489～1490年，引发了大众真正的艺术和文学热情（甚至意大利文艺复兴时期的著名诗人安杰洛·波利齐亚诺也在诗歌中提到它），为了更好地了解这个物种，从那时起，在西方语言中，人们开始用"giraffa"[④]（长颈鹿）来代替"camelopardo"[⑤]（驼豹）来指代这种动物。除了在富有创意的皮耶罗的作品中出现以外，长颈鹿还出现在安德烈亚·德尔·萨尔托的《三博士朝圣》（1511）、佛罗伦萨版画家阿塔万特·德尔·阿塔万蒂（约1490年）的一幅微型画[⑥]中，

[①] 美国纽约大都会艺术博物馆收藏的手稿，其中第192r页可见：www.metmuseum.org/art/collection/search/470306.

[②] 请参见查尔斯·D.卡特勒的《中世纪后期欧洲艺术中的异域风情》（1991）第165页。

[③] 请参见卢卡·兰杜奇的《帕诺夫斯基日记》（1975）第59页和查尔斯·D.卡特勒《中世纪后期欧洲艺术中的异域风情》（1991）第168页。

[④] "长颈鹿"这个名字的词源存在一定的不确定性：根据帕斯图罗的说法，它源自阿拉伯语"zerafa"，即"可爱的""优美的"，而大多数作者认为阿拉伯语"zarafah"源自埃塞俄比亚语"zarat"，意为"步伐迅速"。感谢阿南达·班纳吉提供的资料。

[⑤] 请参见米歇尔·帕斯图罗的《著名动物》（2010）第172页。

[⑥] 《在马尔齐亚诺·卡佩拉的代码中》，收藏于威尼斯马尔基亚纳图书馆。

相生相伴
艺术作品中的动物故事

以及出现在其他更晚的装饰画或学院派装饰[1]中。所有这些图像都源自对这种动物的直接观察，这一点尤其通过小而逼真的角得到证明，这些角与那些相当夸张和创新的角形成了对比，例如尼德兰画家耶罗尼米斯·博斯的三联画《人间乐园》（1505～1510）中的长颈鹿，很可能是从在安科纳的西里亚科找到的一幅佛罗伦萨的复制品[2]中观察到的。

从此以后，欧洲艺术中偶尔出现一些长颈鹿，但它们并没有出现在动物园里。在"美第奇长颈鹿"死后，直到1826年才有另一头长颈鹿出现[3]。与此同时，自然和文明都发生了变化，人类已经完全地朝着最终征服世界的方向前进。

[1] 请参见米雷拉·莱维·丹科纳的《文艺复兴动物园》（2001）第139～140页，当然还有经典的伯索尔德·劳弗的《历史与艺术中的长颈鹿》（1928）。
[2] 请参见查尔斯·D.卡特勒的《后中世纪欧洲艺术中的异域元素》（1991）第169页。
[3] 请参见米歇尔·帕斯图罗的《著名动物》（2010）第172页。

皮耶罗·迪·科西莫
《火神和风神》

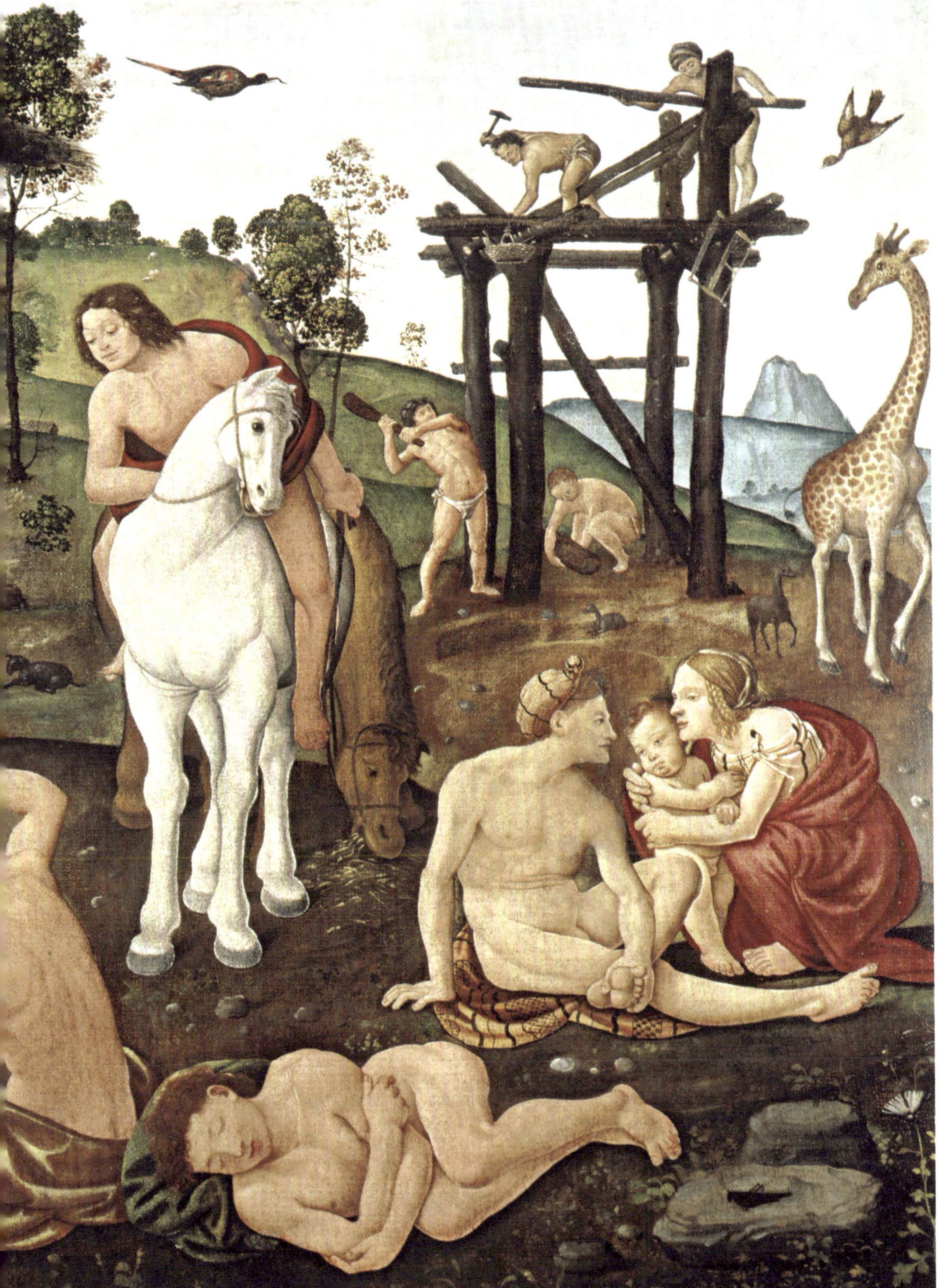

相生相伴
艺术作品中的动物故事

长颈鹿，一种奇怪的又瘦又高的动物

"长颈鹿如此奇特，以至于超出我们的心理预期"
埃德蒙·B.博尔斯[①]

公元前46年，尤利乌斯·凯撒为了庆祝了他的胜利，举办了一系列庆祝活动。罗马帝国举行了盛大的游行、戏剧表演、宴会和角斗士比赛，据说凯撒在其中一次活动中还让一头长颈鹿走在游行队伍里。当时的欧洲人从未见过长颈鹿，感到非常惊讶。许多人认为这种生物是骆驼和豹子交配的产物（因此得

---

① 请参见埃德蒙·B.博尔斯的《认知之谜：人类认知的第二种方式》（1999，普林斯顿大学出版社在美国纽约出版）第 xiii 页。

黎明的长颈鹿

名"驼豹")[1]。

尽管科学取得了巨大进步,但罗马人对世界上最高的哺乳动物的偏见仍持续存在,并反映在它的拉丁名字上——*Giraffa camelopardalis*(其中 *camelopardalis* 意为驼豹,编者注)。

在凯撒遇刺和罗马帝国崩溃之后,长颈鹿在欧洲消失了 1000 多年。直到阿拉伯人控制了伊比利亚半岛,这些高 4.8 ~ 5.5 米的物种才重新回到公众视野。长颈鹿在阿拉伯语中被称为 zarafah,特别是在阿卜杜勒-拉赫曼三世(公元 912 ~ 961 年在位)[2]在位期间,大型的动物表演吸引着众人。

瑞典生物学家卡尔·林奈于 1758 年改革分类学,将长颈鹿与鹿放在一起,并称之为 *Cervus camelopardalis*。然而,法国动物学家马蒂兰·雅克·布里松持有不同观点,并在 1762 年将该物种分类为一个独立的属。十年后,丹麦动物学家莫尔滕·特兰·布吕尼希定义了我们今天仍然遵循的骆驼属。

国际自然保护联盟(IUCN)[3]是全球野生动物状况的权威机构,将长颈鹿归为一个物种,下有九个亚种。每个亚种可通过其身上的颜色和图案来识别。

但是,在科学界并没有就这种分类系统达成共识,争论仍在继续。例如,2018 年,通过对 DNA 序列的分子生物学研究,研究人员斯文·温特、朱利安·芬尼西和阿克塞尔·扬克认为存在四个遗传上独立的长颈鹿物种[4]:

1. 马赛长颈鹿

1a- 乞力马扎罗长颈鹿

1b- 索式长颈鹿(也称为罗得西亚长颈鹿或卢安瓜长颈鹿)

2. 北长颈鹿

2a- 科尔多凡长颈鹿

---

[1] 请参见玛丽娜·贝罗泽斯卡亚的《美第奇长颈鹿和其他异国动物的故事》(2006,小布朗出版有限公司在纽约出版)第 107 页。

[2] 请参见贝特霍尔德·劳费尔的《历史和艺术中的长颈鹿》(1928,菲尔德自然历史博物馆在美国芝加哥出版)第 71 页。

[3] 参见 IUCN "红色名录"中该物种的信息页面 www.iucnredlist.org/species/9194/136266699#population。

[4] 请参见斯文·温特、朱利安·芬尼西和阿克塞尔·扬克的《有限的渗入支持将长颈鹿分为四个物种》,载于《生态与进化》2018 年第 8 卷第 20 期 https://n° 20 onlinelibrary.wiley.com/doi/full/10.1002/ece3.4490。

相生相伴
艺术作品中的动物故事

2b– 努比亚长颈鹿

2c– 西非长颈鹿

2d– 罗式长颈鹿（也称作乌干达长颈鹿）

3. 网纹长颈鹿（也称作索马里长颈鹿）

4. 南方长颈鹿

4a– 安哥拉长颈鹿

4b– 南非长颈鹿

即使拥有独特的魅力，长颈鹿仍然是一个很少被研究的物种；这是一个谜，因为它与人类的文化联系已经持续数千年。从埃及众神到古老的石头遗迹，从奢侈艺术品到非洲民间传说，长颈鹿一直是最具标志性的物种之一，它的存在为地球增光添彩。

2016年，国际自然保护联盟（IUCN）发布的数据令世界震惊，全球长颈鹿种群在过去30年中减少了40%，被重新归类为"易危"物种，从保护数据库的"低风险"列表转移到"红色名录"中。该物种的成年个体数量从1985年的10万多头下降到2015年的68293头，这是一个惊人的下降。

在这当中，努比亚长颈鹿的数量呈灾难性下降，消失数量高达95%。此外，国际自然保护联盟（IUCN）还认为马赛长颈鹿和网纹长颈鹿处于"濒危物种"状态。朱利安·芬尼西（长颈鹿保护联盟执行总监和联合创始人，译者注）认为，长颈鹿是"被遗忘的大型动物"，人们的关注都集中在犀牛和大象上，而忽略了长颈鹿：例如在尼日尔，这个世界上最贫穷的地区之一，最后的几头珍贵的西非长颈鹿正与农民争食。人类和动物为了生存，都需要争夺同样的自然资源。在非洲其他地方，长颈鹿的种群分布稀疏，且不断变化，被分割成碎片化的群体，有些地方甚至只有不到1000头长颈鹿。

自2016年的数据公布以来，学者已将目光聚焦在长颈鹿身上，尽管存在分类学上的争议和讨论，但他们都同意一个事实：长颈鹿正无声地走向灭绝。[1]

"一头长颈鹿站在高原上，夕阳在其身躯后变成红紫色，这是人类拥有

---

[1] 请参见麦特·麦格拉斯的《长颈鹿因种群锐减而面临"无声灭绝"》（2016-08-08）http://www.bbc.com/news/science-environment-38240760.

黎明的长颈鹿

的最伟大的视觉体验之一。"美国摄影师和作家布拉德利·史密斯写道。[1]

非洲大草原的美丽很大程度上要归功于长颈鹿,它以园艺师的角色"修剪"着像巨大蘑菇一样的金合欢树。长颈鹿的饮食主要是以麟刺金合欢树的叶子为主,一周可以吃掉数百千克的叶子。但是许多人不知道长颈鹿上颚前部没有牙齿,就像家畜一样,需要咀嚼食物。此外,这种动物无法弯曲颈部来够到地面上的水源,必须弯曲或张开腿来解决这个问题。长颈鹿的颈部椎骨数量与人类相同,只有七个。每个椎骨都非常大,由球形关节(球突关节)连接在一起。长颈鹿的颈部是一种强有力的工具,可以通过头对头的战斗来展示权威,同时也可以表达同伴之间的爱和团结。在自然环境中,长颈鹿可以活到25岁;雄性长颈鹿独自行动,而雌性则留在小群中,雄性只在交配期间加入。长颈鹿的妊娠期约为15个月,长颈鹿幼崽出生时身高可以达到1.8米。

长颈鹿数量的下降被归结为各种复杂的因素所导致,包括战争和政治的不稳定、栖息地的分裂分割、农业扩张和土地用途的变化以及非法狩猎。长颈鹿经常被非法猎杀,其皮革(被用于在部落中制作水桶和鞋子),在某些部落文化中被用作食品,其骨骼和尾巴则被用于制作工艺品和珠宝。长颈鹿的尾巴长期以来一直备受追捧,这也导致了它被大量猎杀;非洲部落长期以来一直使用长颈鹿的毛发作为缝制衣服和制作鞭子的线,甚至在求婚时作为聘礼。此外,长颈鹿的毛发还被用于制作幸运戒指和护身符。近年来出现了一些迷信的说法,认为长颈鹿的骨髓和脑髓具有治疗艾滋病毒和防范艾滋病的药用功效。2019年8月,国际保护组织在日内瓦召开了《濒危野生动植物种国际贸易公约》(CITES / COP18)会议,通过了更加严格的商业限制措施,用来保护非洲所有长颈鹿亚种。

除了自然捕食和偷猎,人们认为像炭疽和牛瘟这样的疾病也会导致长颈鹿种群大量死亡。然而,由于资金的缺乏,非洲仍然无法收集历史数据以建立共同数据库进行长期科学研究。长颈鹿还要与大象、犀牛和狮子竞争。与其他非洲受欢迎的物种相比,有关长颈鹿的

---

[1] 请参见布拉德利·史密斯的《长颈鹿的一生》(1972,世界出版社在美国纽约出版)。

相生相伴
艺术作品中的动物故事

生态学、分类学和生理学仍处于起步阶段。长颈鹿是坦桑尼亚的国家级代表性动物，也是博茨瓦纳皇室的图腾。无论是在天空中的长颈鹿星座（鹿豹座，编者注），还是南亚的卡扬人的长颈，或是纳米比亚埃隆戈山脉巴萨尔瓦人的长颈鹿舞蹈，长颈鹿在人类文明中的存在都是不可忽视的。

布拉德利·史密斯在《长颈鹿的一生》[①]一书中写道："看着一群长颈鹿在草原上缓缓移动，就像观看一支小型帆船队一样。它们不是走路或奔跑，而是看起来像在漂浮，每一头都有点像一艘帆船，它的桅杆伸向天空，尾巴像一面飘扬的旗帜。"

长颈鹿只有两种步态：步行和奔跑。许多人不知道，长颈鹿可以以惊人的速度奔跑，一步可以覆盖超过4.5米的距离。有一个传说，在古代，阿拉伯人经常测试纯种马的耐力，根据它们追上长颈鹿的时间来评估它们的能力。

长颈鹿能否免于"静默的灭绝"，或者它将直接驶向灭绝？只有时间能告诉我们……

---

① 请参见布拉德利·史密斯的《长颈鹿的一生》（1972，世界出版社在美国纽约出版）第20页。

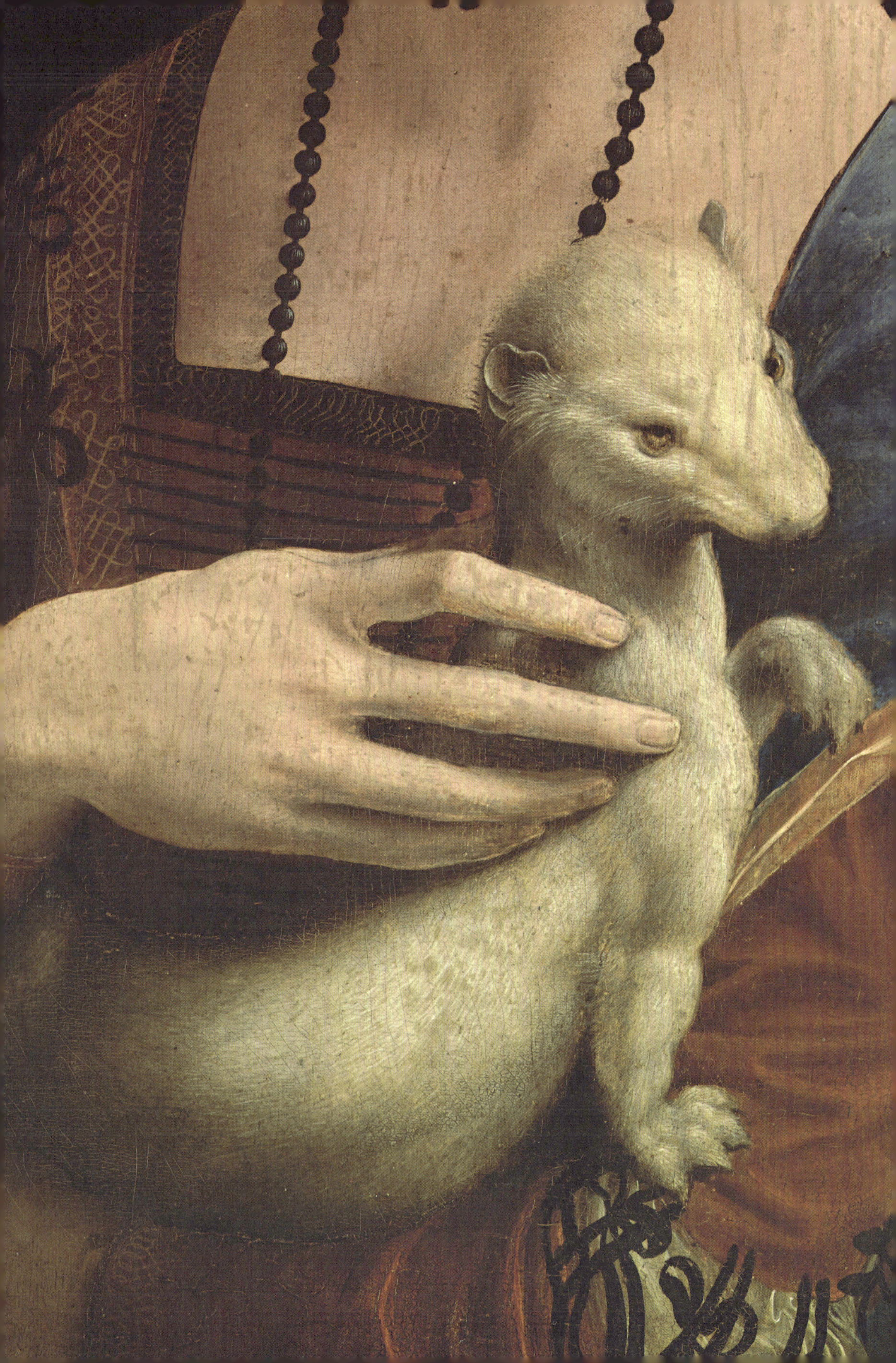

达·芬奇的貂

.... **相生相伴** ....
艺术作品中的动物故事

一位十七八岁的娇嫩少女，她的目光敏锐而灵动，但眼神又充满了谦逊和谨慎，她似乎想透过画框的边缘向左侧注视；与头部的自然运动方向形成对比，她的上半身和肩膀似乎向右侧微微倾斜，产生了一种双重扭转的姿态，就像是要转身倾听一样自然而优美。

这是一种转瞬即逝的感觉，画家用敏锐的眼光和精湛的技巧捕捉到了如同定格一样的画面，并描绘了下来，这种画法以前从未在其他的作品中出现过。因此，《抱银貂的女子》被视为一次创新的尝试，将文艺复兴时期的达·芬奇的艺术理论首次应用于自然主义肖像，从而成为历史上第一幅现代肖像画"[1]。这位年轻女子的嘴唇柔软而细腻，微微抿起，没有张开，给这幅画营造了沉默且专注的氛围。她的服装和发型都是西班牙式的或更确切地说是加泰罗尼亚风格，身着的是"sbernia"，即一件红蓝色只盖住一边肩膀的披肩，直发中分形成一条缝隙，上面覆盖着一层轻薄的透明织帽，帽子边缘镶有金色边饰，而发丝沿着肩膀被编成一条辫子，插入一个特殊的鞘（15世纪的西班牙头饰，一种亚麻或网状包裹，覆盖在后脑勺，用丝带系在头发上，译者注）中[2]。矩形领口以金色刺绣带为边，最后装饰有一系列"groppi"，即15世纪晚期米兰时尚的典型打结花边。右手修长纤细的手指上没有戴戒指，优雅地放在鼬科动物的脖子上，许多学者和评论家都认出了那是一只貂，这也正是这幅著名肖像画名字的来源，《抱银貂的女子》是莱昂纳多·达·芬奇的杰作之一，几乎可以肯定是在1490～1492年在米兰创作的。这只动物虽然狂野，但在女

---
[1] 请参见彼得罗·C.马拉尼的《抱银貂的女子和米兰肖像》（1998）第31页。
[2] 关于女士的服装，请参见格拉齐埃塔·布塔齐的《为一幅肖像做注释》（1998）和伊丽莎白·格尼内拉的《塞西莉亚或抱银貂的女子》（2014）两篇文章。

达·芬奇的貂

子的怀里似乎感觉完全自在，右前爪稳稳地搁在她的手臂上，左前爪反而抬起，也许可能是它的一个锐利的爪子刚刚被卡在了袍子的边缘，拉扯住一根金色的线。

画像的某些部分因为粗糙的"修复"而破坏了它的完美，这些修复还导致了原本灰蓝色的背景变成了死黑色，对半身像轮廓进行了一些修改，并且强行重画了下巴下的细小发饰或丝带[1]，这幅作品仍然具有无与伦比的美感，绝对称得上是杰作。然而，就其意义而言，这件作品还内含谜团，是一个文艺复兴时期配得上它杰出作者的谜题。先是画中女性，几乎所有人都认为那是米兰宫廷里美丽且受人爱戴的"宝石"——塞西莉亚·加莱拉尼，她虽然不是出生在贵族家庭，但因其温柔的性格和才华，成为米兰领主卢多维科的情人和宠儿[2]。她能说一口流利的拉丁语，甚至还写过拉丁文诗歌，在她的一生中，她乐于与知识分子为伴，追求高雅的兴趣。

相比之下，貂不仅仅是一只普通的动物，而是一个具有暗示性、象征性和纹章学的话题，它至今仍然引发不少的讨论，须像对待错综复杂的线团一样慢慢地解开。首先，这只小动物象征着温柔和节制；莱昂纳多在他的《动物寓言》里也专门介绍了它，或者更确切地说，是引用自托马斯修士的《美德之花》、普林尼的《自然史》和切科·达斯科利的《苦果》[3]："节制。貂因节制而每天只吃一次，它宁愿被猎人捕获，也不愿逃到泥泞的洞穴中，以免玷污自己的高贵。"[4] 此外，许多人认为希腊词 γαλέη（实际上是一个相当普遍的词，用于指代不同种类的鼬科动物，如貂、黄鼬、臭鼬等）与塞西莉亚的姓氏加莱拉尼的家族名称有关联："这种动物的名称在希腊语中发音为'galé'，可能与加莱拉尼（Gallerani）的姓氏有双关语的意味，莱昂纳多也用欧洲刺柏（ginepro）

---

[1] 请参见大卫·布尔的《科学分析》(1998) 第 83~90 页。
[2] 关于她的广泛文献，仅参考詹妮丝·谢尔的《塞西莉亚·加莱拉尼》(1998) 第 51~65 页。
[3] 请参见彼得罗·C. 马拉尼的《抱银貂的女子和米兰肖像》(1998) 第 48 页注 35。
[4] 请参见彼得罗·C. 马拉尼的《莱昂纳多的"动物寓言"来源》(1986) 第 146 页，以及《抱银貂的女子和米兰肖像》(1998) 第 48 页注 35。

..........相生相伴..........
艺术作品中的动物故事

来指代他另外一幅画的主角吉内薇拉（Ginevra）·班琪？"① 最后，卡洛·佩德雷蒂② 等人观察到，卢多维科·斯福尔扎有时被称为"银貂"，"意大利的摩尔人，白色的银貂"，这正如宫廷诗人贝尔纳多·贝林乔尼所称赞的那样，他赞扬了他的"谨慎"，也提到了他在1486年被那不勒斯国王授予的荣誉，即"银貂骑士勋章"③。

因此，貂可能受到塞西莉亚的"温和"和善良的性格影响，也可能代表卢多维科的化身与塞西莉亚在一起。此外，1491年5月3日，也就是卢多维科与他不太受欢迎的未婚妻贝阿特丽切·德·埃斯特结婚后不到五个月，塞西莉亚给他生下了一个私生子——小凯撒·斯福尔扎·维斯孔蒂，立即被卢多维科所承认。这里可能又涉及一个有些烦琐的含义④，即γαλέη，对于懂希腊语或至少欣赏奥维德⑤ 的人来说这是一个不太隐晦的暗示，可能会想到希腊的加兰蒂斯和赫拉克勒斯的诞生神话，赫拉克勒斯是朱庇特和阿尔克墨涅的"私生子"，遭到朱诺的嫉妒和报复。塞西莉亚就像阿尔克墨涅一样吗？小凯撒就像赫拉克勒斯一样吗？而这恰好是在贝阿特丽切之子被赋予合法继承权的1493年？

然而，显然，在卢多维科的婚礼之后，尤其是在尴尬的小凯撒出生之后，塞西莉亚在宫廷中的存在记录太多了；有关的历史八卦记录了塞西莉亚和贝阿特丽切穿着几乎相同的服装参加午餐和招待会，记录中还坚持称赞塞西莉亚

---

① 请参见泽格·布朗利的《莱昂纳多·达·芬奇》（2014）第166页。
② 请参见卡洛·佩德雷蒂的《抱银貂的女子作为政治寓言》（1990）第161～181页。
③ 请参见贝纳尔多·贝林乔尼的《韵诗》第CXXVIII页，引自芭芭拉·费边的《关于貂的注解》（1998）1998第75页注12，以及彼得罗·C.马拉尼的《拿着貂皮的女士和米兰肖像》（1998）第38页注34。
④ 请参见克里斯蒂娜·莫丘尔斯卡的《最优雅的加莱拉尼》（1995），彼得罗·C.马拉尼在《抱银貂的女子和米兰肖像》（1998）第48页中也有怀疑的言论。2014年伊丽莎白·格尼内拉则以新的论据坚信是塞西莉亚，或者说是抱银貂的女子。
⑤ 在奥维德创作了古罗马长诗《变形记》中（第九卷第306～325行），伽蓝提斯是阿尔克墨涅的女仆，变成了貂。

达·芬奇的貂

的美丽和魅力以及评论贝阿特丽切的平庸[1]……但真正重要且不可容忍的是小凯撒·斯福尔扎比合法继承人埃尔科莱·马西米利亚诺更早地来到这个世界的事实，埃尔科莱·马西米利亚诺于 1493 年 1 月 25 日出生。在这一点上，众所周知，可能是为了平息妻子可以理解的嫉妒，或者无论如何是为了摆脱优雅而麻烦的塞西莉亚，卢多维科为塞西莉亚找了一个丈夫，卢多维科·卡米纳蒂·德·布兰比拉伯爵，也被称为贝尔加米尼；两人于 1492 年 7 月 27 日结婚。作为她和儿子的嫁妆，他们得到了萨洛诺封地的土地和米兰的卡马尼奥拉宫（现在的达尔韦尔梅宫）。此时，莱昂纳多的肖像画可能完成了。毫不奇怪，贝林乔尼在 1492 年看到并诗意地评论了塞西莉亚·加莱拉尼的肖像：

"你在生什么气？你为什么要嫉妒呢，大自然？

"对于那位画出你一颗明星的达·芬奇；

"今天，如此美丽的塞西莉亚

"她的美丽让太阳的光芒变得黯淡。

"荣耀属于你，因为她的画像

"仿佛在倾听，而不是在说话。

"想象一下，她会变得更加生动和美丽，

"在未来的岁月里，你会更加快乐。

"现在你可以感谢卢多维科，

"以及莱昂纳多的才华和手艺，

"他们想让后人了解她。

"那些看到她这样的人，即使是晚了，

"也会说：'足够了，

"我们现在理解了自然和艺术的真谛。'"[2]

这幅画的创作时间可能是在卢多维科和贝阿特里切结婚之前的

---

[1] 请参见贾妮斯·希尔的《塞西莉亚·加莱拉尼》（1998）。
[2] 请参见贝纳尔多·贝林乔尼的《韵诗》第 XLV 页。

相生相伴
艺术作品中的动物故事

1489～1491年，或者在诗人1492年9月12日去世之前。这首十四行诗告诉我们，这幅画的委托人是莱昂纳多所服务的卢多维科·伊尔·莫罗，卢多维科打算把这幅肖像画作为一份精致而私人的礼物[①]送给他的美人，以最好的方式来祝贺她：以画作的形式保持她无与伦比的优雅，而他自己却因"国家利益"的缘故而与另一个女人在一起。毫无疑问，1498年，塞西莉亚·加莱拉尼拥有这幅画作时，她接受了伊莎贝拉·德斯特的请求，伊莎贝拉希望可以在她的曼托瓦宫廷[②]中欣赏一段时间画作。伊莎贝拉渴望临摹莱昂纳多的画作[③]，然后将这幅画归还。但这里又出现了另一个问题：我们如何确信这就是那幅画，即塞西莉亚·加莱拉尼的肖像，也就是"抱银貂的女子"呢？这个疑问同样来自贝林乔尼的同一首十四行诗，它根本没有提到貂，就好像它不存在一样，所以他可能看到的是另一幅画。我们的肖像画出现在19世纪初的波兰历史中，具体地说是在伊莎贝拉·弗莱明公主的收藏和"博物馆"所在的查尔托里斯基宫中，可能是由她的儿子亚当·耶日·恰尔托雷斯基[④]在意大利为她购买的，也有人说它可能已经属于罗多尔夫二世皇帝在布拉格的收藏，其中在1621年被列为"一位带着一只白色小狗的女人"[⑤]的两幅莱昂纳多作品之一。这位热情的收藏家公主相信这幅肖像画的模特是"美丽的费罗尼耶"，即弗朗西斯一世的情妇，她认为莱昂纳多在卢浮宫的肖像画[⑥]画的就是她；因此，她在画的

[①] 马拉尼强调了这幅肖像画在20世纪90年代初对米兰绘画的影响不足，突显了它的私人用途。请参见彼得罗·C.马拉尼的《抱银貂的女子和米兰肖像画》(1998)第39页。

[②] 同①，第40页。

[③] 实际上，这幅肖像画还有一幅精美的素描，描绘了女士的侧面，保存在卢浮宫中。

[④] 请参见兹德兹斯洛·小日古尔斯基和雅努什·瓦莱克的《恰尔托雷斯基博物馆与抱银貂皮的女子》(1998)第13～29页。

[⑤] 请参见彼得罗·C.马拉尼的《历史艺术简介》，载于彼得罗·C.马拉尼和芭芭拉·费边主编的《莱昂纳多的〈抱银貂的女子〉》(1998)第78页。

[⑥] 实际上，这幅由莱昂纳多在15世纪90年代在米兰完成的画作，可能描绘的是卢多维科·伊尔·莫罗的另一位情妇卢克雷齐亚·克里韦利。

达·芬奇的貂

左上角附近标注了文字[1]。关于那只貂，这位公主并不知道它是什么："很难确定那个年轻女子怀抱的动物是什么。如果是狗，那一定是一只非常丑陋的狗，如果是其他动物，那就不是我所熟知的动物。它是白色的，腿很短，头相当大。"[2]

随后，核桃木的画作伴随着波兰和其王室历经波折和痛苦的历程：它去过巴黎，又来到德国，直到20世纪才开始被系统地研究，并被大多数人认为是塞西莉亚·加莱拉尼的肖像画[3]，直到发现托斯卡纳大师（莱昂纳多·达·芬奇）的大部分绘画作品连同这幅画都已经流落在外。确实仍有人认为这可能是法国公主安娜·德·布尔戈尼亚的肖像，因为她的纹章标识正是举起爪子的貂[4]，但关于这位画中美丽人物的身份的讨论可以说已经（几乎）结束了。而事实上，最近的分析试图来解释为什么贝林乔尼没有在诗歌中提到貂。通过对画作的光影分析[5]，发现了两个以前的版本，第一个版本没有貂及其他的动物，第二个版本发现了一个更小、更细长、更黑的动物，一些想象力丰富的人认为那是一只黄鼬[6]。因此，贝林乔尼有可能只看到了第一个版本的画作，然后诗意地评论了这幅画，而莱昂纳多在一段时间后可能又重新绘制了这幅画，也许是因为卢多维科为了回应宫廷不断变化的态度和贝阿特丽切或她

---

[1] 请参见兹德兹斯洛·小日古尔斯基和雅努什·瓦莱克的《恰尔托雷斯基博物馆与抱银貂的女子》（1998）第17~18页。

[2] 同①。

[3] 首次提出这位模特身份的是两位波兰艺术史学家耶日·梅切尔斯基和扬·博洛兹－安特基维奇，分别在1893年和1900年。

[4] 加布里埃尔·雷纳在他的书《米兰的布列塔尼公爵夫人》中提出了这一观点，该书于2013年出版。

[5] 巴黎卢米埃尔混合技术研究所的光学工程师帕斯卡·科特应用了一种称为 LAM（Layer Amplification Method，分层放大技术）的新非侵入性技术对这幅画进行了研究。他的调查结果发表在2014年的《抱银貂女子的光》一书中，该书有英文和法文版。

[6] 鼬的尾巴是小巧、尖锐且呈棕色。伊丽莎白·格尼内拉在她的书《塞西莉亚或抱银貂的女子》中坚信这一点，但像动物专家达尼洛·梅纳迪这样的专家则排除了这种可能性，他在他的书《我们和他们，达·芬奇和鼬》中提到了这一点。

相生相伴
艺术作品中的动物故事

强大的家族对合法但不忠实的丈夫所施加的压力。抑或,莱昂纳多可能只是改变了想法,对象征性和暗示性的貂的形象产生了更大的兴趣,他甚至还为这个主题画了一幅素描[1],可能是为了制作一枚纪念奖章,送给米兰的贵族。《貂的寓言》[2]描绘了一只动物正被一名猎人追捕,而不是用传统格言"宁死不污"来保护它那洁白的小爪子。

莱昂纳多·达·芬奇的画作
《貂的寓意:纯洁的象征》

因此,是塞西莉亚·加莱拉尼,还有一只白色的貂,富含深意,同时也是莱昂纳多对自然的好奇心和他的天才智慧的表现,体现在他的笔记和绘画中。事实上,毫无疑问,这位艺术家是他那个时代思想最为深刻的科学家,不知疲倦地观察自然现象;他也是一位苛刻的学者,具有无与伦比的开放心态,并不满足于选择任何一种鼬科动物,而是寻找一个真正的、有血有肉的模特,来为塞西莉亚怀抱中的白貂作画。在伦巴第的山丘和阿尔卑斯山区,这种可爱而凶猛的小动物曾经很常见,在冬季它的皮毛蜕变成雪白色,因此遭到了无情

---
[1] 引自芭芭拉·费边的《关于貂的奇闻轶事》(1998)第 73~74 页。
[2] 收藏于马萨诸塞州剑桥市的菲茨威廉博物馆。

达·芬奇的貂

的迫害。早在拜占庭时代，这种皮毛因其纯白色而受到高度赞赏，并广泛被用作权贵的披肩和斗篷。

然而，出于某种我们不知道的原因，事情并不是这样的。或许是无法平静地观察到一个充满紧张和不安的活物，貂也不耐烦被禁锢，更不愿意被某个人抱着而不咬伤和抓伤她的皮肤。或许莱昂纳多并不想要一只貂，而是一只"γαλέη"（galé），这是一个泛指，如前所述，在多个地方被提到[1]，指的是雪貂（Mustela putorius furo），尽管有些人表示怀疑，但它确实是这幅杰作画中真正的主角[2]。貂实际上是欧洲臭鼬，由于被驯化已久，被视为一种单独的物种，并被用于狩猎兔子，甚至被当作奇特的家庭宠物。莱昂纳多画中的鼬科动物具有许多明显的特征，这些特征是貂而不是鼬的典型特征；相对较大的体形、明亮的眼睛、长长的鼻子，皮毛的颜色为米色或更准确地说是"伊莎贝拉色"，而不是纯白色。

在当时的意大利艺术中，虽然真正的貂不是很常见，但也不是完全没有：1447年，意大利艺术家安东尼奥·皮萨内罗为贝洛托·库马诺铸造的一枚纪念章的背面有一只貂，而在维托尔·卡尔帕乔于1510年绘制的壮丽的骑士画像下，有一只精致的貂，并配有它的座右铭"宁死不屈"[3]。但是，莱昂纳多做了另一件更加复杂、更加神秘的事情。他唤起了大家对貂的想象[4]，但绘制了一只雪貂，这是他留给我们的秘密。当然，除了神话外。

---

[1] 动物行为学家 达尼洛·梅纳迪在他2013年的著作《我们和它们，莱昂纳多和貂》中也引用了这个故事。
[2] 保罗·波多纳里在他2018年的著作《莱昂纳多·达·芬奇的哲学格言》（第16页）中也认为这是一只雪貂。
[3] 请参见芭芭拉·费边的《关于貂的奇闻轶事》(1998) 第73～74页。
[4] 有意思的是，在这只貂的图画中，所代表的动物也不是真正的貂……在这种情况下，它是一只雪貂或类似的动物。

莱昂纳多·达·芬奇,
《抱银貂的女子》

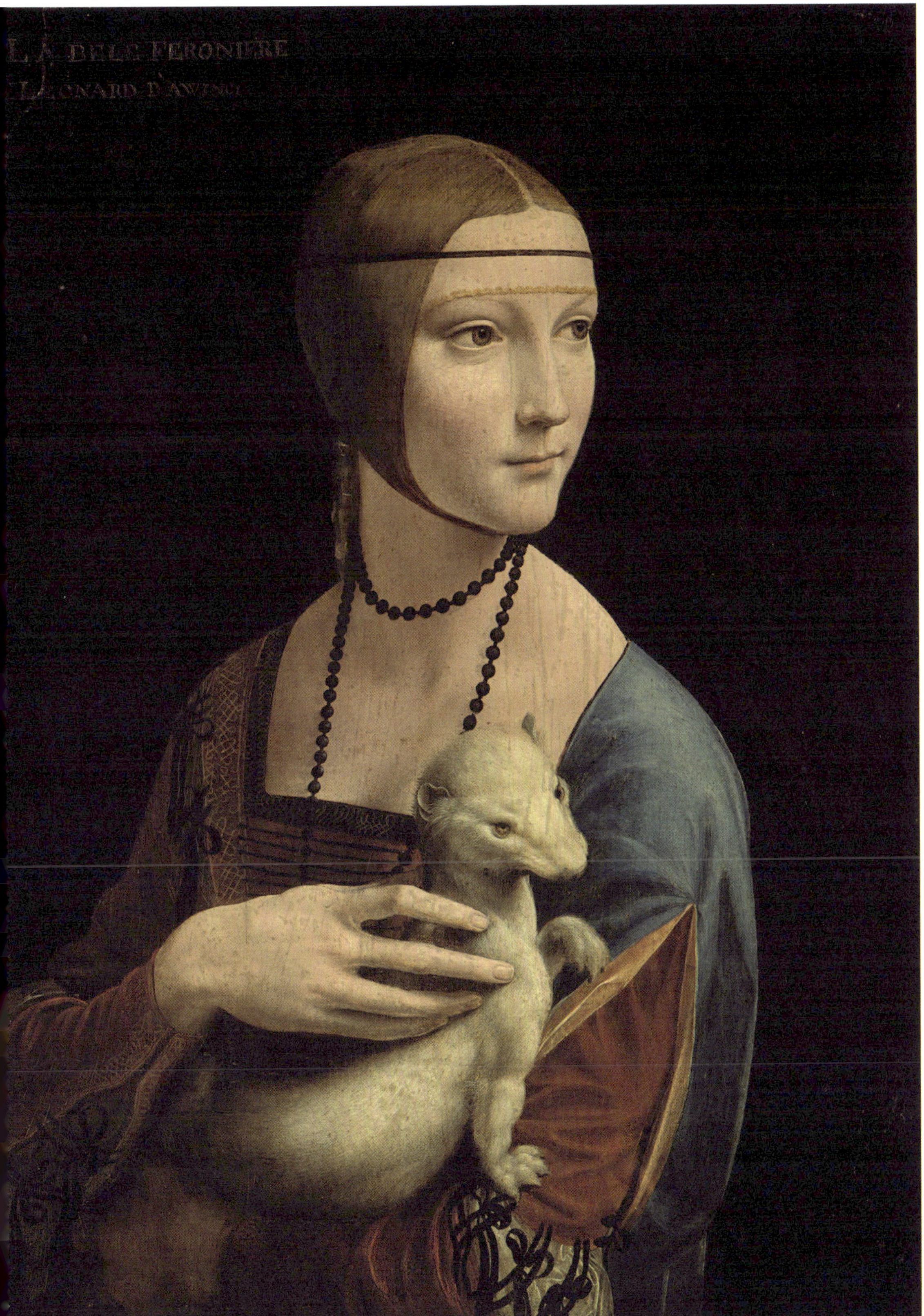
LA BELE FERONIERE
LEONARD D'AWINCI

相生相伴
艺术作品中的动物故事

貂：
小型炸弹

世界上很少有动物像貂那样快速和狂暴，能够攻击比它更大的猎物。它是一种小型捕食者，像一颗口袋里的炸药，随时准备在第一时间爆炸。貂从头到尾由一个呈圆柱形的身体、四条短腿和一条长尾组成。一些生物学家认为，

达·芬奇的貂

"考虑到比例,作为鼬科动物,貂比狮子更强壮"[①]。但与猫科动物不同,它锋利的爪子不能缩回。

貂是哺乳纲食肉目鼬科貂属动物。这些动物分布广泛,在海拔约四千米处也有貂存活。全球各地的貂在体形上差异明显,雄性明显比雌性大:平均而言,雄性包括尾巴在内约长三十厘米。

这种物种分布在不同的森林栖息地中,从高山林线以上的草地到森林、灌木丛、沼泽、河畔植被、海滩甚至农田都有它们的踪迹;事实上,只要有它们最喜欢的食物——啮齿动物和田鼠,它们就会出现。它们也是机会主义者(快速适应新环境,译者注),会吃野果、昆虫和鸟蛋。

尽管貂是欧亚大陆和北美的本土动物,但在自然环境中很难看到它们。它们被引入新西兰用以控制兔子数量,结果却适得其反,因为它们给当地的生物多样性带来了许多问题,尤其是威胁到在地面上生活的鸟类(如几维鸟)。貂通常体形很小,性格内向,生活在人类住所附近而不被人注意。如果幸运,我们会发现它们在岩石上或林下突然迅速地移动。这种突然的动作让人想起童话故事中的巨型松鼠,特别是当它们在冬季身披雪白色丝绸般的"外套"时,更是如此。

在北半球的秋天,貂开始迅速变换毛色:背部从浅棕色到棕红色,喉咙、胸部和腹部是白色的,然后除了尾巴末端的黑色,全身都变成雪白色,这是它们在冬天的时候的典型特征。然而,根据气候变化,也可能出现部分换毛的现象。春天,它们的毛色会变回来,这种现象对于生活在寒冷的北方的动物来说更为明显。

冬季也是貂最容易受到非法猎杀的时候,因为它的皮毛在非法野生动物市场上非常受欢迎。对于貂的无限制的商业捕捉虽然仍在继续,但根据世界自然

[①] 请参见卡罗林·M.金和罗杰·A.鲍威尔的《黄鼬和白鼬的自然史:生态、行为和管理》(2010,牛津大学出版社在美国纽约出版)。https://www.researchgate.net/publication/285929863_The_Natural_History_of_Weasels_and_Stoats_Ecology_Behavior_and_Management.

.... **相生相伴** ....
艺术作品中的动物故事

保护联盟（IUCN）的分类，貂还不是濒危的物种[1]。长期以来，欧洲君主使用貂的白色皮毛来制作华丽服装的披肩。在 14 世纪，当爱德华三世统治英格兰（1327～1377）时，只有皇室成员才有权利穿着貂皮[2]。根据世界自然保护联盟的数据，在西欧和中欧地区，至少在 20 世纪 30 年代，貂因其冬季的白色皮毛而被大量捕猎，仅在芬兰十年间就售出了约三万张貂皮。

虽然貂可能是一种普遍的物种，但长期的非法狩猎可能会在短时间内大幅减少其种群数量。不要忘记，海貂由于大规模的毛皮狩猎而灭绝。在生态系统中，貂同样容易成为狐狸和大型猛禽的猎物。此外，还有栖息地的丧失和猎物供应的逐渐减少等持续的威胁。另一个令人担忧的是幼年貂的高死亡率：出生的第一年是动物生命周期中极其关键的一年，能在前十二个月内存活下来的个体才有可能长大成年。在自然界中，貂的寿命只有三到五年，而在圈养状态下，这种动物可以活到七年甚至更长。喜马拉雅山区的亚种——*Mustela erminea ferghanae* 是世界上最稀有的，幸运的是，它受到了印度《野生动物保护法》的保护。此外，它还被列入《濒危物种国际贸易公约》（附录 III）的保护范围。

鼬科动物家族非常庞大，有 56～60 种食肉动物，其中包括 17 种银鼠鼬科动物，例如被称为世界上最小的食肉动物的雪貂。莱昂纳多·达·芬奇的画作《抱银貂的女子》中隐藏的故事变得非常有趣，艺术史学家认为艺术家并没有画一只银貂，而是一只臭鼬。臭鼬，又称欧洲臭鼬（*Mustela putorius*），有着悠久的驯化历史，用于捕猎兔子和田鼠。有趣的是，它的名称源自拉丁语 "*furittus*"，意为 "小偷"。真正的貂比臭鼬小，但是由于交叉繁殖，产生了许多杂交品种，易让人混淆。例如，一项研究表明，中欧的貂比瑞典南部的貂更大，而瑞典南部的貂

---

[1] 参考世界自然保护联盟（IUCN）红色名录上的相关信息。
[2] 请参见《不列颠百科全书》中的鼬科动物（2020-06-06）[2021-04-07] https://www.britannica.com/animal/ermine-mammal.

达·芬奇的貂

又比瑞典北部的貂大得多。冬季温度和白色皮毛的厚度都与貂身体尺寸变化没有任何相关性[①]。

一只身上有白色标记的深棕色貂,身长比银貂长 20 ~ 25 厘米,在冬季不会改变毛色。冬季尾巴上有黑色尖端的貂不易与其他动物混淆。

---

① 请参见萨姆·厄林格的《为什么白鼬不遵循伯格曼法则?》,刊于《北区生态》1987 年第 10 卷第 1 期第 33 ~ 39 页。

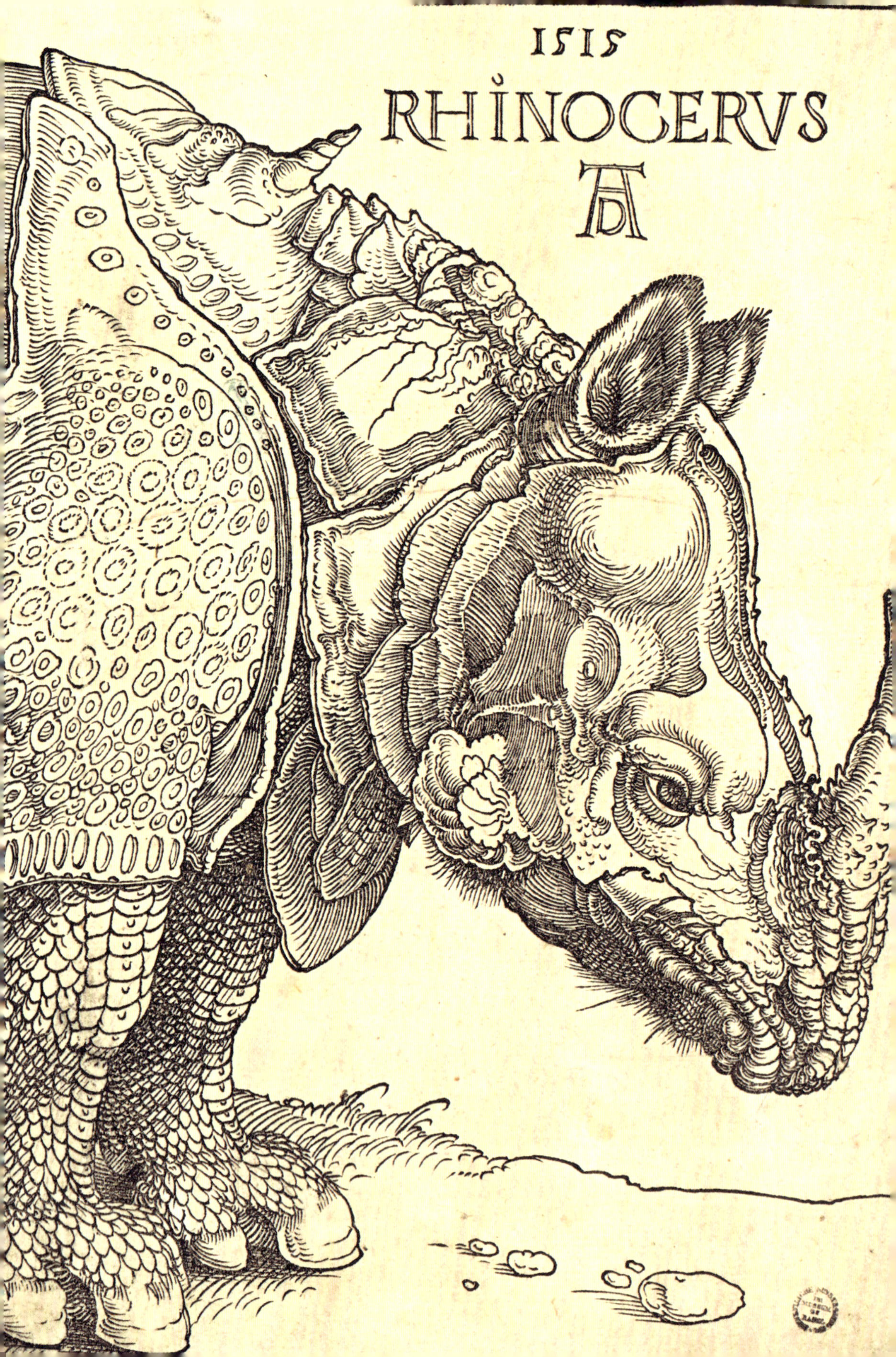
1515
RHINOCERVS

甘达

相生相伴
艺术作品中的动物故事

甘达占据了整个画面，一直到两侧的边缘。乍一看，这里没有讲述任何故事，也没做任何的叙述；这张著名图像的主题只是一头奇怪的、罕见的、稀有的，几乎在欧洲没有人见过的动物。这有可能是阿尔布雷希特·丢勒于1515年夏天在纽伦堡设计并雕刻的犀牛。

丢勒是历史上最伟大的版画家之一，他的版画作品与绘画作品同样重要。实际上，也许正是通过雕刻和酸蚀，以及绘画，艺术家将一些最原始的想法赋予了生命，直到现在还吸引人们发挥着想象力，例如《忧郁Ⅰ》和《犀牛》，后者是"华丽"的例子，根据艺术史学家埃尔温·帕诺夫斯基的说法，这种"装饰风格"远离了其他德国艺术家作品中的宗教、道德甚至叙事意图[1]。然而，就像丢勒不太知名的棕色墨水画（藏于大英博物馆内）一样，丢勒从未见过犀牛，他的版画很可能是基于一位活跃在葡萄牙里斯本的版画家和艺术家——瓦伦蒂姆·费尔南德斯的素描，他与丢勒联系密切[2]。而实际上，一头真正的犀牛于1515年5月20日，来到了里斯本，并立即引起了轰动。这是一头大型印度犀牛（*Rhinoceros unicornis*），由古吉拉特邦（对葡萄牙人来说是卡姆巴亚王国）苏丹穆扎法尔二世赠送给印度的葡萄牙总督，并由后者送给他的君主葡萄牙王国国王曼努埃尔一世，曼努埃尔一世是特别喜爱异国情调和稀奇古怪的事物。

---

[1] 请参见埃尔温·帕诺夫斯基的《阿尔布雷希特·丢勒的生活与作品》（2006）第248页。
[2] 请参见蒂姆·H. 克拉克的《犀牛》（1986）第20页。关于里斯本犀牛的所有后续信息也可以参考这部精彩的作品。

甘达

犀牛在古吉拉特语中被称为"甘达"[1]，这头犀牛经历了从印度果阿开始的一次不可思议的航行后到达葡萄牙，这是公元3世纪以来第一头活着抵达欧洲海岸的犀牛。曼努埃尔一世当时获悉后非常高兴，立刻想要测试这头传说中的犀牛的暴躁性，这个故事是由普林尼在《自然史》中讲述的，讲述了犀牛和大象之间的"天然"竞争关系。1515年6月3日，即五旬节（犹太教三大朝觐节日之一，编者注）后的第一个星期天，人们组织了一场比较[2]活动。据史书记载，当大象面对犀牛时，它迅速而不体面地转身逃跑，无意中证实了普林尼的说法[3]。尽管获得了胜利，但这头犀牛的生命很短暂：它被命运送给教皇利奥十世，在1515年12月再次被装上船。船在法国马赛停靠，受到法国国王和王后的欢迎，但不久后船在意大利波尔图·维内雷港附近沉没，可怜的甘达永远消失了。

这头不幸的动物却出名了，当时许多艺术家都想画出或雕刻出它的形象：在葡萄牙里斯本的贝伦塔上，一头石制犀牛的前半身从墙体中露出（1517）；佛罗伦萨的乔万尼·贾科莫·佩尼在1515年写了一首关于这个异国动物的诗，并配以一张插图，同年丢勒的熟人德国画家汉斯·布尔格迈尔，雕刻了一块相当逼真的犀牛像，可能他的来源与丢勒的相同。此外，在意大利画家弗朗切斯科·格拉纳奇的画作《约瑟夫的故事》（1517，藏于佛罗伦萨乌菲兹美术馆）和拉斐尔在梵蒂冈的创造动物的画作《梵蒂冈的洛吉》（1519）中，都出现了一头犀牛。有趣的是，这些艺术家中没有一个人亲眼见过犀牛，甚至包括其中著名的艺术家——也就是上文中已经提到的阿尔布雷希特·丢勒，他的作品将

---

[1] "甘达"或"贡达"这个名字被船长洛德·斯坦利误解为"贡德部落的女人"，因此他认为曼努埃尔一世收到了一位印度情妇作为礼物。参见蒂姆·克拉克的《犀牛》（1986）第19页，注7。

[2] "在同一场比赛中，观众们还能看到一头犀牛，这种动物在鼻子上有一只独角，这已经是众所周知的事情，因为它经常被看到。它是大象的第二个天敌，当它准备攻击象时，会在石头上磨尖它的犄角。在战斗中，它主要瞄准大象的腹部，因为它知道这是大象最脆弱的部分。犀牛的长度与象相当，但它的腿要短得多，皮肤的颜色是黄褐色的。"

[3] 这些信息有许多不准确的和错误，也包括在米歇尔·帕斯图罗的《著名动物》（2010）第123~128页的。

..........**相生相伴**..........
艺术作品中的动物故事

产生深远影响，例如大英博物馆在1976年的一份折页证明[1]，总体来说是可信的："可能没有其他动物形象对艺术产生如此深远的影响"，丢勒的版画影响如此之大，以至在科学的维度上，甚至是在18世纪中叶之前，也能够胜过其他对犀牛进行更加真实描绘的作品。[2] 在德国，犀牛的形象受到了普林尼（《自然史》）的"神话"描述[3]和热爱武器、盔甲和铠甲的艺术家的影响。因此，这种动物的皮肤被分成几个部分，分别覆盖着颈部、肩膀、躯干和后肢，呈现出一种金属般的质感，无论是在绘画还是雕刻中都与艺术家在1515～1517年绘制的头盔面[4]罩非常相似，而四肢则布满了鳞片。像所有北欧以及意大利的人文主义者一样，丢勒对大自然充满了好奇，在这一点上，也许仅次于达·芬奇。他留下了许多动物、草和其他植物的水彩画、素描和版画，不仅构图更加复杂，而且还考虑到它们本身的特点，如对蓝鹊[5]、野兔[6]、不同的马的素描，美丽且惊人的大草坪[7]以及1520年首次在比利时根特动物园的一头活体狮子[8]。这些作品展现了强烈的现实主义，甚至在表现细节的绘画技巧上可以反映出画家有些自满。它们无疑是一些基于独特想象或文学来源的画作：首先，犀牛的角太长、太尖、太弯曲，与印度犀牛的角相比，更像是普林尼所描述的；其次，尽管皮肤很厚，但没有鳞片或甲板覆盖；最后，尤其值得注意的是，在肩

---

[1] 请参见蒂姆·H. 克拉克的《犀牛》（1986）第20页注14。

[2] 同①，第20页。

[3] 普林尼也提到了第一次雕刻附带的德语长铭文，克拉克翻译了全部内容。同①，第20页。

[4] 请参见安德鲁·罗宾逊和克劳斯·阿尔布雷希特·施罗德主编的《阿尔布雷希特·丢勒》（2013）第230页（目录编号91）。

[5] 一幅在1500年或1512年绘制的羊皮纸水彩画，描绘了这头已死的动物，保存在维也纳的阿尔贝蒂纳博物馆，编号3133。参见安德鲁·罗宾逊和克劳斯·阿尔布雷希特·施罗德主编的《阿尔布雷希特·丢勒》（2013）第136页（目录编号38）。

[6] 这幅著名的水彩画保存在维也纳的阿尔贝蒂纳博物馆。

[7] 这幅水彩和粉彩画作品是在1503年绘制的，保存在维也纳的阿尔贝蒂纳博物馆，编号为3075。请参见安德鲁·罗宾逊和克劳斯·阿尔布雷希特·施罗德主编的《阿尔布雷希特·丢勒》（2013），编号37，第134页。

[8] 请参见安德鲁·罗宾逊的《阿尔布雷希特·丢勒的素描》第42页、目录103及第258页。

甘达

膀下面的小螺旋状隆起物,在任何一种犀牛亚种中都是不存在的,但丢勒将它画入犀牛的形象之中。也许艺术家想到了一些奇异收藏室的物品?像是一只独角鲸的角?或者,也许动物身体的特征揭示了它的象征性联想,它的宗教焦虑?例如,类似的角,同样长而弯曲,出现在著名的画作《骑士、死亡和魔鬼》(1513)中的魔鬼帽子上,也出现在奇怪的钢笔画《学者的诱惑》(1515)中一个非常可怕的恶魔的脸上。

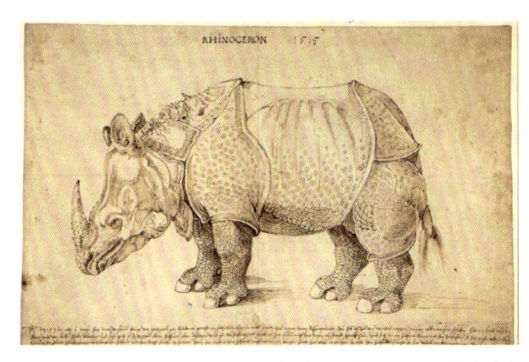

阿尔布雷西特·丢勒,《犀牛》

丢勒是否会将异域犀牛视为地狱般的恶魔?或者相反,像帕斯图罗所说的那样,将犀牛与纯洁而害羞的独角兽相对比[1]?皮耶里奥·瓦莱里亚诺(Giovanni Pietro Bolzani Dalle Fosse,1477～1560)是一位意大利学者和人文主义者,在丢勒于1505年第二次旅行到威尼斯(1505年)的时候,他那时也在威尼斯广泛活动。在他的《象形文字,或关于埃及和其他民族的文字的注释》一书中,他将犀牛定义为愤怒的象征,但也是一位强大的领主。[2] 也许丢勒的犀牛是为德意志神圣罗马帝国皇帝马克西米利安一世准备的?这些问题仍然没有答案。然而我们知道,在那些年里,尽管丢勒创作出了非凡的作品,如《骑士、死亡和魔鬼》(1513)、《圣耶罗尼莫在书房》(1514)和《忧郁Ⅰ》(1514),但艺术家并不快乐。他不久前失去了心爱的母亲芭芭拉(1514年5月17日去世),他正经历着一场可能是宗教性质的严重的危机;正如他在1520年的一封信中后来承认的那样,只有马丁·路德才能"帮助他克服严重的痛苦"[3]。或许这种痛苦也可以从大象的严峻表情中看出来。

---

[1] 请参见米歇尔·帕斯图罗的《著名的动物》(2010)第123～124页。
[2] 请参见皮耶里奥·瓦莱里亚诺的《象形文字》第二卷第十九章第26～27页,引自米雷拉·莱维·丹科纳的《文艺复兴时期的动物园》(2001)第190页。
[3] 请参见安德鲁·罗宾逊的《阿尔布雷希特·丢勒的素描》(2013)第40页。

Nach Christus gepurt.1513. Jar.Adi.5.May. Hat man dem grosmechtige
Rhinocerus. Das ist hye mit aller seiner gestalt Abcondertfet. Es hat ein farb
Aber nydertrechtiger von paynen/vnd fast weyhafftig. Es hat ein scharff sta
fantz todt seyndt. Der Helffandt furcht es fast vbel/dann wo es In ankumbt/
vn erwürgt In/des mag er sich nit erwern. Dann das Thier ist also gewapen

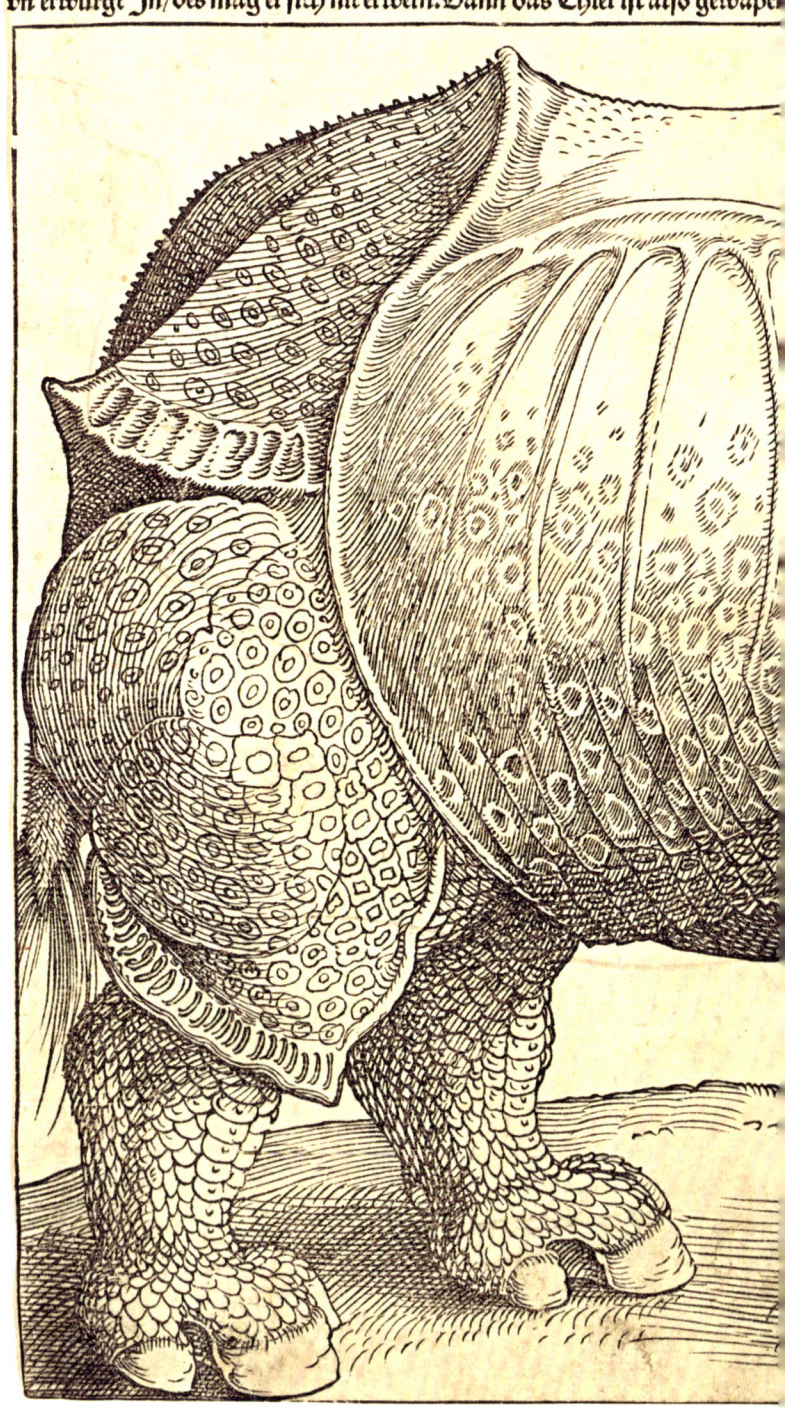

阿尔布雷希特·丢勒，
《犀牛》

on Portugall Emanuell gen Lysabona pracht auß India/ein sollich lebendig Thier. Das nennen sie
reckelte Schildtkrot. Vnd ist vō dicken Schalen vberlegt fast fest. Vnd ist in der gröſſ als der Helfandt
oun auff der nasen/Das begyndt es alſeg zu wetzen wo es bey staynen ist. Das dosig Thier ist des Helf-
m das Thier mit dem kopff zwischen dye fordern payn/vnd reyst den Helffandt vnden am pauch auff
der Helffandt nichts kan thůn. Sie sagen auch das der Rhynocerus Schnell/Fraydig vnd Listig sey.

1515
RHINOCERVS

相生相伴
艺术作品中的动物故事

我们这个时代的独角兽

"但最凶猛的动物是独角兽：
它的身体像马，头部似鹿，脚像大象，
尾巴像野猪；它的咆哮声非常深沉，
额头中央长着一只黑色的角，长约一英尺（2.54 厘米）。"
——普林尼，公元 77 年[①]

如果独角兽真的存在过，那么它可能是指印度犀牛，学名为 Rhinoceros unicornis，这是一种生活在印度次大陆的物种。阿尔布雷希特·丢勒的著名作品所描绘的正是这个物种。

在所有现存的犀牛物种中，印度犀牛是最大的一种。它就像一辆坦克，长着一只黑色的独角，长度在 20～60 厘米，由一种角质组成，这种角质也是组成我们的头发和指甲的蛋白质。雄性和雌性都长有这个独特的角，加上强大的肌肉结构，它们显得坚实而强壮。因此，犀牛的角和盔甲般的身体自古以来就成为神话、民间传说、艺术和文学的

---

① 选自普林尼的《博物志》（由弗朗切斯科·马斯佩罗编辑，2011 年布尔·里佐利出版社在意大利米兰出版，第 73 页）第八卷第三十一章。

主题。犀牛冲锋时是非常危险的，连大象和老虎也会对它保持距离；然而，犀牛并不具有攻击性，通常在白天草地上漫无目的地吃草或在泥潭中打滚。它们是孤独的生物，除非受到挑衅，否则不会攻击人类。

回到过去，人们发现早在古代就有了关于印度犀牛的资料记载。在印度河谷发现了描绘这种独角动物的印章，而这种动物在印度史诗《摩诃婆罗多》中也被提及。

现在有五个种类的犀牛，其中三个分布在亚洲，两个分布在非洲。除了印度犀牛外，其他的还有苏门答腊犀牛（*Dicerorhinus sumatrensis*，不到80头），爪哇犀牛（不到70头），黑犀牛（*Diceros bicornis*，5366～5627头），白犀牛（*Ceratotherium simum*，17212～18915头）[①]。白犀牛分为南部和北部两个亚种。北部亚种体形较小，角较短，腹部没有南部亲戚的肋骨间的沟槽。2018年3月19日，肯尼亚奥尔佩杰塔保护区最后一头北部白犀牛雄性个体去世，当地野生动物保护组织为此哀悼。目前全世界只剩下两头北部白犀牛，均为雌性。

白犀牛和黑犀牛实际上是灰色的。"白色"是"大嘴巴"的翻译错误，而"黑色"是由于动物身上覆盖的泥浆颜色而得名。所有五个物种都面临灭绝的风险。

犀牛曾经在特莱（一个由高原、沼泽和河流森林组成的拼贴地带，横跨印度北部，包括印度恒河盆地和布拉马普特拉河流域）中广泛分布，至少和家畜一样常见。然而，犀牛却遭到了无情的迫害，先是因为被认为对农业构成威胁而成为狩猎的猎物，近年来则是因为它的角：这是全球非法野生动物贸易中最赚钱的商品之一。

如今，犀牛在尼泊尔和印度的野外仅存于曾经分布的一些小区域。印度东北部阿萨姆邦的布拉马普特拉河平原上的卡齐兰加国家公园是这种生物数量最多的栖息地。根据2018年的估计，卡齐兰加国家公园的犀牛数量不到2500头，占全球总数的70%。犀牛还分布在印度的西孟加拉邦和北方邦。

在尼泊尔和印度，单角犀牛的总种群超过3500头。卡齐兰加国家公园仍

---

① 统计数据来源于 https://www.savetherhino.org/rhino-info/rhino-species/.

然是犀牛的主要栖息地，但环保人士担心这个野生动物栖息地的犀牛数量已经超过该地可容纳的上限。如今，游客在进入公园之前就有可能看到犀牛在路边吃草，甚至可能看到它们穿过公园周边的国家公路。自然灾害或疫情可能会摧毁整个保护区的犀牛种群。更不用说持续的偷猎威胁了它们的生存。人类面临着第六次物种大灭绝的危机，1970年以来，世界野生动物的种群数量已经下降了60%[①]，包括哺乳动物、鸟类、鱼类和爬行动物，而印度犀牛的故事给人们带来了希望。印度与尼泊尔两国采取的严格保护措施已经促进犀牛数量的增长。在20世纪初，野外仅有约200头印度犀牛（1900年卡齐兰加只有约12头犀牛）。2005年，世界自然基金会印度分会启动了"印度犀牛愿景2020"计划[②]，旨在2020年之内在阿萨姆邦的七个保护区内，将野生印度犀牛的数量至少增加到3000头。这种增长是近年来为数不多的保护成功的故事之一。

2008年，印度阿萨姆邦政府开始将印度犀牛从卡齐兰加国家公园和波比托拉野生动物保护区重新安置到玛纳斯国家公园，该公园在20世纪90年代因博多兰独立武装起义期间的偷猎而失去了犀牛种群。共有26头犀牛被转移到该保护区，2012年，公园管理局庆祝了自重新安置以来首次出生的犀牛幼仔。根据世界自然基金会的数据，自那时起，曼纳斯国家公园已经诞生了十几头犀牛。

然而，这些动物仍然受到偷猎和栖息地丧失的持续威胁。犀牛不仅是一种迷人的物种，也是其所生活的草原生态系统健康状况的指标。数百年来，这个环境一直面临着农业和养殖业扩张所带来的威胁。特别是在19世纪中叶，由于人口急剧增长，草原被侵蚀的速度是不可阻挡的。由于人类的压力，动物的栖息地迅速缩小，曾经是连绵不断的荒野，延伸到整个印度次大陆的宽度的栖息地，

---

① 根据世界自然基金会发布的《2018年地球生命报告》，这是我们星球发出的警告信号：自然需要生命支持。发布日期为2018年10月30日，请参见网址 www.wwf.org.uk/updates/living-planet-report-2018.

② "印度犀牛愿景2020"计划的目标是通过在新地区建立种群，增加阿萨姆邦的犀牛数量。该计划成功地在玛纳斯国家公园重新建立了一个新的种群。现在在阿萨姆邦的四个保护区都可以看到犀牛：波比托拉野生动物保护区、奥兰加国家公园、卡齐兰加国家公园和玛纳斯国家公园。

今天所剩下的只是被隔离的保护区。

犀牛角的开采利用

在过去的几年中，东亚和东南亚的中产阶级对犀牛角的需求呈指数级增长。"满足不了东亚和东南亚对犀牛角的需求，"朱利安·拉德梅耶说道，他是全球跨国有组织犯罪打击倡议组织东非和南非有组织犯罪观察员中心的主任，也是《为利润而杀戮：揭示非法犀牛角交易》一书的作者。[1]

除了作为一种广泛使用的药物成分，以粉末形式治疗发热和一般疾病外，犀牛角还因其被认为具有非凡属性而备受追捧，通常被称为"龙齿"。在希腊神话中，犀牛角有净化水的能力，而根据古波斯人的说法，刻有图案的犀牛角容器可以提示毒性的存在，这种说法在18世纪和19世纪的欧洲皇室中仍然存在。[2]

南亚的精英阶层用犀牛角制成的酒杯喝酒，收藏着艺术品、装饰品和奢侈品，有时将犀牛角粉混入酒精中，宣传犀牛角粉为健康饮品或治疗阳痿的药物，或者用于提高性能力。然而，在传统医药理论中，并没有提到犀牛角可以作为壮阳药使用[3]。但是，这种需求不断增加，使得黑市上的价格飙升到天价水平；如今，对这种商品的需求远远超过供应。

每年的季风雨增加了河流的流量，有些年份，在洪水期间，动物别无选择，只能离开保护区，前往更高的地区。这样，它们就进入了人类居住地，成为偷猎者的易捕之物。

除了东亚和东南亚的巨大需求外，近年来很少有人谈论的另一种犀牛角用途。在也门，犀牛角非常受欢迎，用于制作传统的 jambiya 的装饰性握柄：这是一种弯曲的仪式性短剑，通常在男孩成年时被赠送。

犀牛已经成为人类贪婪的猎物：我们先是缩减了它的栖息地——草原，现在又在为了它的角而发动"战争"。

---

[1] 请参见朱利安·拉德梅耶的《为利润而杀戮：揭示非法犀牛角交易》(2012，斑马出版社在南非开普敦出版)。

[2] 请参见《犀牛角的使用：事实与虚构》，发布日期为2010年8月20日，请参见网址 https://www.pbs.org/wnet/nature/rhinoceros-rhino-horn-use-fact-vs-fiction/1178/.

[3] 请参见埃里克·迪纳斯坦所著的《独角兽的归来：大犀牛的自然历史与保护》(2003，哥伦比亚大学出版社在美国纽约出版)。

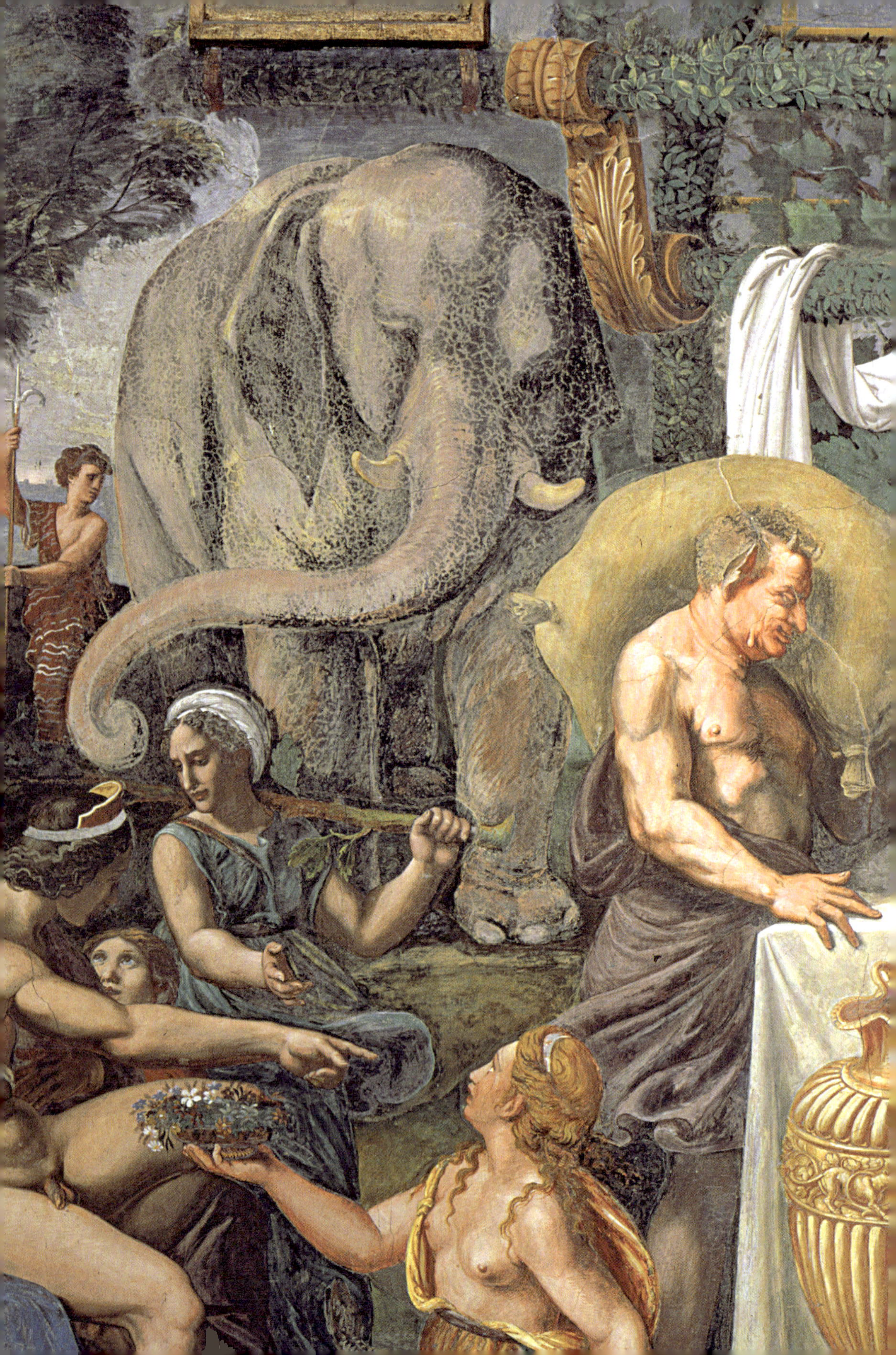

在梵蒂冈的马戏团

.... 相生相伴 ....
艺术作品中的动物故事

阿普列尤斯在《金驴记》①中讲述的丘比特和普赛克的异域爱情故事征服了文艺复兴时期的文人墨客和普罗大众：初读时，这个扣人心弦的爱情故事让人陶醉，深入思考后，我们会发现其新柏拉图式的一面，即灵魂的故事和它艰难的向爱之旅。

普赛克和丘比特成为罗马、帕尔马和曼图亚作家和画家们的作品主题②。毫不意外的是，"得特宫"中最豪华的房间是专门为他们而设的，"丘比特与普赛克的房间"——由朱利奥·罗马诺和他的助手在1526~1528年绘制。这个房间里展现了故事情节中引人入胜的场景，包括朱庇特为两位恋人准备的婚礼庆典，朱利奥·罗马诺专门为此设计了主墙：小丑、仙女和奥林匹斯众神聚集在桌前，仆人们准备着闪闪发光的铜盆、彩色盘子和珍贵的餐具。与此同时，像米开朗琪罗的雕像一样的，肌肉发达的贵宾们躺在三人床上，受到细心侍从们的照顾，受到各种绚丽多彩的人物的礼遇，其中包括整个更适合与巴克斯（酒神）为伍而不是维纳斯（爱神）风格的异国动物：温顺的小老虎、野羊、一只吼叫的驴子、一只白色的骆驼，甚至还有一头优雅地用鼻子环绕阿波罗肩膀的大象。是的，确实是一头大象（印度象），以真实而精确的技法描绘，但并没有过分突出形象，就像这是一件再正常不过的事情一样。它的鼻子、腿、牙和活动的大耳朵，都透露出对真实大象的观察；不同于普通的单峰骆驼或老虎，但比老虎还大。

这不是巧合：朱利奥·罗马诺曾多次见过并画过一头亚洲象，记录了它的一些动作和姿态，这些草图和绘画不仅对他自己有用，对其他人也有用。这

---
① 请参见在线资源 www.progettovidio.it/speciali/metamorfosi_apuleio.pdf。
② 当然，最著名的以这个主题为题材的壁画系列是拉斐尔于1518年在法尔内西纳别墅中创作的作品。

在梵蒂冈的马戏团

头象叫安诺尼①，是教皇利奥十世的宠物。在拉斐尔的工作室里度过的那些岁月，朱利奥经常被派往教皇在贝尔维德花园里搭建的富有异国情调的动物园工作：这位人文主义的教皇②是一位狂热的动物爱好者，拉斐尔也为他留下了令人难以忘怀的肖像画③，教皇收集了尽可能多的动物和奇特的物种以供欣赏，并在特殊的游行和仪式中让动物上场，平民、贵族和权贵们都为之倾倒。

安诺尼无疑是他最喜欢的：这头四岁的印度象，毛色异常浅④，温顺听话，经过训练，是葡萄牙国王曼努埃尔一世在1514年赠送给他的，还有数十只珍稀鸟类，如鹦鹉、鹦哥、印度公鸡、豹和一只训练有素的猎豹⑤。这头可怜的小象出生在印度南部海岸的科钦，它似乎特别有耐心和才华，能弯曲前腿的膝盖，用鼻子喷水来取悦观众。1511年，在它还在很小的时候与两名负责照顾它的驯象师一起被运送到里斯本。曼努埃尔一世把它送给教皇，以确保他能使用葡萄牙教会的财产和税收来资助昂贵的海外探险，同时确保拥有分界线以外⑥所发现的陆地的权利。

这次旅行非常烦琐：先乘船到意大利的波尔图·埃尔科莱，后在陆地上行驶了约113千米，这是一次被好奇的人群打扰的痛苦旅程，他们不择手段地想看到这头异国动物，甚至弄坏了城墙和建筑物。⑦但结果证明了方法的有效性：1514年3月19日，安诺尼通过弗拉米尼亚门庄严地进入了罗马，教皇利奥十世对此感到狂喜，他像孩子一样笑看着这头大象跪下，听着它有节奏的吼声，看着它向人群喷洒大量的水花。⑧目击者描述那一天是一场盛大且前所

---

① 请参见西尔维奥·A.贝迪尼的《教皇的大象》（1997）。
② 利奥十世是洛伦佐大帝的儿子，他的贵族家庭为他提供了人文教育、广博的文化以及对异国动物的热爱。他的曾祖父科西莫在佛罗伦萨建造了当时物种最多的动物园，里面有多头狮子和其他野兽。（引自《教皇的大象》）
③ 利奥十世的画像被保存在乌菲兹美术馆。
④ 安诺尼被当时的人们形容为白色大象。
⑤ 同①，第56页。
⑥ 同①，第71页。
⑦ 同①，第36～59页。
⑧ 同①，第52页。

相生相伴
艺术作品中的动物故事

未有的表演,堪比复活的马可·波罗,大象是一种奇妙的生物,尽管安茹的雷纳图和费拉拉的埃尔科莱在15世纪后半叶曾分别收到过大象作为礼物[1],但在罗马自古以来就没有见过。

大象被称作"Annone"可能源于喀拉拉邦的德拉维达语"malayalam"中的"aana"(大象)一词,被意大利化为"Annone"。它不可能源自探险了几内亚湾和西非海岸的迦太基将领"Hanno",也不太可能来自其他或多或少具有神话色彩和历史意义的人物[2]。目前尚不清楚教皇利奥十世及其宫廷是否能够理解非洲象和亚洲象之间的差异;然而,这些差异并不会影响这种珍贵动物在教皇和他的臣民眼中的"奇妙"本质。为了安诺尼,人们写诗、举办游戏和庆祝活动,它庞大的身躯成为许多艺术家创作的素材,这些艺术家的名字都在梵蒂冈的资助名单上。尤其是教皇的宠儿拉斐尔,他当时正忙于装饰梵蒂冈的画室。例如,大象出现在乔万尼·巴里莱的木饰面、乔万尼·达乌迪内的灰泥装饰以及乔万尼·达乌迪内根据拉斐尔的草图绘制的壁画《动物的创造》[3]中。15岁的朱利奥·罗马诺也在多幅画作中描绘了大象,后来他还会用这些画作为绘画、壁画和挂毯的素材[4]。

然而不幸的是,这头大象在罗马逗留的时间很短,它和驯象师被"安置"在专门建造的区域内,位于梵蒂冈宫殿一侧,现在的克里多里大街和贝尔尼尼廊柱[5]之间的地方。虽然时间比较短,但安诺尼过得并不愉快:它被强制参加

拉斐尔,《大象安诺尼》

---

[1] 请参见西尔维奥·A.贝迪尼的《教皇的大象》(1997)第29~30页。

[2] 同[1],第80页。希腊历史学家尼科米底亚的阿里安在《亚历山大的远征》的附录中提到航海家安诺尼。然而为什么要将他的名字赋予大象?也许是因为他超越了希腊人所知道的世界极限,即海格力斯之柱,而这头可怜的大象也完成了这个旅程?

[3] 同[1],第164~169页。

[4] 同[1],第109页。还可以参考马西莫·布尔加雷利的《变形和"奇迹"》(2019);克里斯托弗·S.切伦扎的《失落的文艺复兴》(2014)。

[5] 同[1],第152页。

在梵蒂冈的马戏团

了很多阅兵、游行和庆典，穿着金光闪闪的华服，披戴着珍贵的装饰品，背负着摇摇晃晃的彩车，在喧闹的人群和炮声中走过，这让它感到非常紧张，古老道路上的石头磨损了它的象脚，象脚本应该在印度森林更柔软的土地上用于行走。曾经发生了不愉快的事故：宫廷诗人巴拉巴洛被摔下来，这引起了教皇的嘲笑，因为教皇认为巴拉巴洛是个小丑，想在1514年9月的圣科斯玛和圣达芒节上公开取笑他。更加严重的是，1515年3月为庆祝教皇最喜爱的兄弟朱利安诺·德·美第奇到达罗马而在安诺尼的背上搭建的"城堡"倒塌了。这一事件被解释为不祥之兆，事实上也确实如此。因为安诺尼持续的不安和压力状态，还可能生病了，损害了它的健康，并导致了它过早去世。而事实上，即使有罗马最好的医生给它看病，也于事无补，甚至连给它喂食覆盆子金叶泻药也没有用[1]，1516年6月8日，安诺尼去世了。教皇非常难过：他亲自写了一部分纪念碑铭文，而彼得罗·阿雷蒂诺则写了一篇尖刻而不敬的"遗嘱"，即针对枢机主教和教皇的亲信的激烈讽刺[2]。为保留对这头巨象的记忆，还做了艺术品和肖像画：就像印度莫卧儿王朝的统治者一样，为了不失去那些曾经让他感到愉悦的不同寻常的动物的记忆，教皇利奥十世也让"他的"艺术家们努力工作。尽管观察了被囚禁在笼子里的异国动物，并且一些动物的骨骼、皮肤、角和牙齿被保存在奇观室和珍奇柜中[3]，但这并不是真正的科学，只是为了娱乐，他们将动物视为五颜六色且昂贵的有生命的玩具，还作为王室的象征；在某些情况下，它们可能为了满足乌合之众的残忍娱乐需求，会像古罗马时代一样被展示或在竞技场中被屠杀。[4]

---

① 请参见西尔维奥·A.贝迪尼的《教皇的大象》（1997）第142~144页。

② 同①，第155~160页。

③ 美第奇家族收藏了一批自然标本，这些物品后来成了佛罗伦萨博物馆的藏品；在博洛尼亚，乌利塞·阿尔德罗万迪也在做同样的事情，他似乎保存了从里斯本寄给教皇在圣特罗佩附近沉没时所剩下犀牛的部分尸体。同①，第133页。

④ 请参见西尔维奥·A.贝迪尼的《教皇的大象》（1997）第28~29页和第116~118页关于曼努埃尔一世1515年在里斯本组织的犀牛和大象之间的战斗。

相生相伴
艺术作品中的动物故事

现场绘制的安诺尼的画像有很多，主要是拉斐尔在工作室绘制的。其中最珍贵的一幅从美学和自然主义角度来看，描绘了一头大象的侧面，它的目光生动，一位驯象师骑在它脖子上，另一位则通过象鼻温柔地控制着它。这是一件绘制精确的作品，手法精湛；毫无疑问是西方早期以现实主义意图绘制亚洲象的画作，大象的皮肤褶皱，下唇下垂，象牙只是稍微露出[1]，微垂的象耳、凸起的象背，以及大象脖子上的铃铛都被细致地描绘出来。这幅美丽的画作在构图上非常完美、和谐，描绘准确，笔触稳健，其作者可能是拉斐尔，他勾勒出大象的轮廓[2]，认为19世纪或20世纪的艺术家将以他的画作[3]为参照进行创作。教皇决定将这头动物埋葬在美景楼的庭院里，并委托拉斐尔为它绘制一幅自然大小的肖像画，该画被绘制在梵蒂冈的入口墙上，旁边是一座古老的时钟塔：这个位置将使安诺尼成为圣彼得大教堂的"守护者"。这项工作在赞赏[4]中完成，并给人留下了深刻的印象。"从意大利和欧洲远方来到大教堂的朝圣者们无疑会惊讶地发现，在基督教最重要的祭坛入口处，有一头大象的壁画，因为这幅壁画与任何马戏团的海报一样大，甚至更加生动……"[5]。这种令人印象深刻的形象，成为教皇批评者和反对文艺复兴的人可以立即使用的证据。事实上，大象的存在引起了德国人的注意，并为一位名叫马丁·路德的奥古斯丁

---

[1] 根据西尔维奥·A.贝迪尼的说法，象牙被故意短削，以传达一种柔和的形象。实际上，两个象牙都在梵蒂冈被发现，经测量长度分别为148厘米和135厘米。参见上一页④，第235页。

[2] 请参见《他们有一头大象》（编号：KdZ 17949）中，炭笔和黑棕色墨水在灰棕色纸张上的痕迹上。该画作藏于德国柏林的国家博物馆普鲁士文化遗产铜版画陈列馆。

[3] 不幸的是，这些作品不存在了。第一件作品由曼托瓦的女侯爵伊莎贝拉·德·埃斯特在1514年通过巴尔达萨雷·卡斯蒂廖内在罗马访问期间委托拉斐尔完成。拉斐尔很忙碌，通常会接受委托，然后委托他人完成，同时以温和有礼的方式回避许多工作，但他个人会亲自参与构图设计和草图绘制。当时，拉斐尔接受了请求，拖延了两年，该项目被遗忘了。事实上，大象的形象几年后才通过朱利奥·罗马诺和他的客户伊莎贝拉的儿子费德里科二世到达曼托瓦。然而，在得特宫的饰塑和神的宴会壁画中都能找到大象，西尔维奥·A.贝迪尼甚至没有注意到，请参见《教皇的大象》（1997）第107页。

[4] 1551年，保罗·乔维奥在《诺赛林主教保罗·尤尤斯 赞扬在博物馆中看到的真实图像而声名显赫的战士》一书中提到了这件事，该书在意大利佛罗伦萨出版。

[5] 请参见西尔维奥·A.贝迪尼的《教皇的大象》（1997）第145页，翻译为本文作者所作。

在梵蒂冈的马戏团

会修士和神学家所用，他在1517年将《九十五条论纲》钉在威滕贝格城堡教堂的门上。在1520年的《论教皇权》一书中，路德描绘了一个懒惰、贪污的教皇，和他的会跳舞的大象一起表演杂耍①。

拉斐尔于1520年4月6日在罗马去世，不久之后，他的庇护者教皇于1521年12月1日去世，大象的记忆随着拉斐尔最有才华但不是最忠诚的学生朱利奥·罗马诺转移到了其他地方②。拉斐尔去世后，朱利奥在他所涂饰的墙壁上呈现出一种更具米开朗琪罗风格的矫饰主义和富有肌肉感的艺术风格，远离了拉斐尔的细腻风格。这就是为什么大象会出现在豪华的得特宫墙上，这是根据艺术家的草图③绘制的：在这个草图中，大象的动作被夸张了，象鼻太长而且呈蛇形；这头动物肥胖而浮肿，耳朵太尖，獠牙尖锐而分散，后腿向前弯曲，像原始的"脚"。强烈的明暗对比和深深的阴影，隐藏在每一个皱褶中，赋予了大象一种几乎是夸张的愤怒的特征。然而，象鼻向左摆动并呈"S"形的动作非常类似参加得特宫壁画上神祇盛宴的大象的动作，但后者更加平静。朱利奥·罗马诺从"现场"取得了记录，然后在需要装饰一个特殊场合的时候使用了它，以达到与情境相符的细节。另一幅是描绘安诺尼的侧面和两个欢庆的小天使的画作，同样是朱利奥·罗马诺的作品，被用于制作曼托瓦的鹰厅天花板上的一块灰泥浮雕中。④这证明了一种文艺复兴和其异国情调的神话的持续存在。

---

① 当然，这里不是对教皇的性格、个人经济或政治选择进行分析。这种奇怪和奢侈的行为，在今天是不可想象的，必须从文艺复兴时期的精神来看待，文艺复兴时期的非凡资源不仅用于伟大的艺术家，而且用于满足许多有权势的人的每一个奇想，教皇就是其中之一。

② 实际上，主要源自拉斐尔及其学生在动物生前所做的草图，对大象的描绘在罗马和世界其他地方有很多。有关更完整的列表，请参见西尔维奥·A.贝迪尼的《教皇的大象》（1997）第163～205页。在这里，作者只是遵循朱利奥·罗马诺开辟的曼托瓦之路。

③ 请参见红色素描《四幅关于一头象的研究》（编号：WA1846.226），藏于牛津大学阿什莫林博物馆西方艺术部。

④ 图案及其适当变化的问题在像文艺复兴时期宫殿那样广泛的装饰计划中绝不是次要的。大象提供了一个有价值且多变的主题，一旦"固定"，它就会成为一个令人愉快的细节，可以在门廊、抽屉、装饰板、喷泉、壁画和绘画中重复使用。请参见西尔维奥·A.贝迪尼的《教皇的大象》（1997）第186页。

朱利奥·罗马诺,
《为丘比特和普赛克的婚礼准备的众神盛宴》

...ANEVS· GENERALIS·

相生相伴
艺术作品中的动物故事

亚洲象：人类与象头神
——迦尼萨的冲突

在人与动物的关系中，南亚人和大象的关系是充满矛盾的。几个世纪以来，大象一直被崇拜为象神迦尼萨，这位神灵会为所有重要场合和新的事业祈福。大象因其成就、智慧、健康、富饶和理性而备受崇拜。尽管作为神圣的象征，大象也免不了被残忍地追杀以获取象牙；它们的精神被打破或压垮，被迫囚禁（但从未被驯服），它们被用作娱乐或在难以通过的地形上运输重物。在火器发明之前，它们曾在战场上被长期使用。

在梵蒂冈的马戏团

作为关键物种，大象是野生动物保护的象征，在那些不断受到偷猎、栖息地丧失和人类冲突威胁的地方，它们是被保护的对象。

作为一个巨大的迁徙动物，大象需要不断地从一个地方移动到另一个地方：为了生存，它每天需要消耗大量的食物，约 100 千克的食物，以及 120 升的水。任何一小片森林都无法满足大象多日的需求，因此广泛流传的大象属于这种环境的观念是错误的。曾经，能够容纳这些物种的森林是由长长的超越了边界的连绵荒野组成的，现在不存在了。然而，大多数人似乎仍然相信大象（和野生动物）仅限于"森林"中。在森林以外的地区，关于人类和大象（或其他野生动物）之间的生态和社会关系的研究非常少。

如今，象群必须在狭窄的森林走廊、农田、村庄、城市、高速公路和其他人类主导的地域中穿梭，以沿袭代代相传的古老迁徙路线，并应对从海平面到 3000 米的高度变化。

由于森林中的自然食物来源已经枯竭，象群已经扩展了它们的栖息地到耕地，并改变了它们的饮食习惯。现在，大象们靠食用稻谷、小麦、南瓜、卷心菜、花椰菜、土豆、茄子、芋头、香蕉、甘蔗和波罗蜜等农作物生存，这些农作物对当地经济至关重要，也是重要的收入来源。人象冲突现在已经成为整个南亚地区的主要社会经济和政治问题之一。由于人类大规模地砍伐森林以发展种植园、矿业和其他基础设施项目（如水坝、工业、公路或铁路），越来越多的大象被迫离开森林，减轻冲突的工作变得越来越复杂。一些象群已经成为常年掠夺庄稼的惯犯而被视为威胁。根据印度政府的一份政策文件《保障在印度大象的未来》，栖息地的丧失和破坏被认为是导致大象数量下降的主要原因。据估计，自 20 世纪 60 年代，大象的地理分布面积减少了 70%。

Gajah 是梵语中的"大象"一词，意为"巨大的智慧和力量"。在古代印度，根据考提利耶的《阿尔塔沙斯特拉》（公元前 3 世纪，当时孔雀王朝统治中部和东部印度），有八个大型的象群，或称为 Gaja Vanas。

如今已经确定了三种分布在 50 个国家的这一厚皮动物，其中两种是非洲象，一种是亚洲象。非洲象的雄性和雌

······· **相生相伴** ·······
艺术作品中的动物故事

性都有象牙，但在亚洲象中，只有雄性的象牙是明显可见的。尽管对亚洲象的偷猎得到了有效的控制，但对非洲象的象牙的需求，特别是在亚洲市场上，仍然很高。据世界自然基金会估计，每年约有两万头大象因为象牙而被猎杀[1]。

亚洲象的数量在4万～5万，它们生活在不断缩小的森林"碎片"中。在印度大约有2.7万头野生亚洲象和超过3500头被"管控"的大象。印度的亚洲象现在被限制在四个孤立的地区：南亚次大陆的北部、东北部、中东部和南部。南部地区约有1.2万头大象，其次是东北部，约有1万头。事实上，生活在国家公园、野生动物保护区和32个绿洲之内的大象非常少，大多数大象现在主要生活在非保护性区域内。

有近一半的亚洲象栖息地被人类分割或受到人类活动的强烈影响。根据《通行权：印度象走廊》[2]一书，仅有13%的已确定走廊线路具有足够的森林覆盖率。当地经常被大象用于迁徙的走廊中，其中三分之二因土地用途变化而变窄。在过去的十年中，至少有七条走廊已经完全消失，而许多走廊濒临毁灭。然而，对于许多致力于动物保护的生物学家来说，这些数字并没有太大的价值。印度在应对人类与野生动物冲突问题方面缺乏足够的认识，这在很大程度上是由于缺乏有关人类维度的信息以及缺乏有关人类和野生动物在人类占据的土地上相互作用的研究所导致的。

与处于灭绝危险的老虎不同，大象主要面临的是消耗危机。然而，报复性的大象杀戮事件有所增加，这加剧了保护难度。大象为了寻找食物，越来越频繁地抢劫森林附近的农田，并拆毁房屋以搜寻食物。除了对农作物的损害外，在印度所有存在大象的邦[3]，都发生了人员死亡和受伤的情况。每年，人象冲突

---

[1] 请参见世界自然基金会的《什么是象牙，为什么它应该留在象身上？》（what is ivory and why does it belong on elephants？）。

[2] 请参见维韦克·梅农、桑迪普·克尔、蒂瓦里和卡姆库玛尔·克等人编的《通行权：印度象走廊》（2017，印度野生动物信托基金会在印度诺伊达出版第二版）第76页。

[3] 印度的这些邦包括安得拉邦、阿萨姆邦、比哈尔邦、恰蒂斯加尔邦、贾坎德邦、卡纳塔克邦、喀拉拉邦、马哈拉施特拉邦、梅加拉亚邦、那加兰邦、奥里萨邦、泰米尔纳德邦、特里普拉邦、北阿坎德邦、北方邦和西孟加拉邦。

在梵蒂冈的马戏团

造成350~400人死亡和80~100只不同种类的动物死亡。

亚洲象也分布在孟加拉国、不丹、柬埔寨、中国（主要生活在云南省）、老挝、马来半岛、缅甸、尼泊尔、泰国、越南，以及苏门答腊岛和加里曼丹岛的孤立区域。它们已经在巴基斯坦灭绝[1]。

雄性大象和雌性大象之间的社交生活存在很大的差异。雌性大象生活在由母亲、女儿、姐妹和阿姨组成的非常紧密的家庭群体中，由最年长的雌性或族长领导。而成年雄性大象则主要过着孤独的生活，大部分时间都在为掌权而斗争。只有占据支配地位的雄性才能与雌性交配。虽然没有固定的繁殖季节，但4月和5月是在南亚次大陆上观察到大象的最佳月份。特别是大象在河岸上洗澡，是最好的观察时刻之一。大象在河里游泳后会覆盖上一层沙尘，这层沙尘可以作为过滤阳光和驱赶昆虫的保护层。

当大象处于"musth"阶段（性激素增加，行为变得具有攻击性），它会从头部两侧的颞腺分泌一种类似于焦油的浓稠液体。在这种状态下，大象准备与任何遇到的其他雄性动物战斗，并在雌性群体周围嗡嗡叫。年长的大象非常保护年幼的大象：在穿越道路或河流时，年幼的大象会被护送；如果象群感到被威胁，大象会假装冲向旅游车辆。

在夏季前的月份里，特别是4月和5月，草地会成熟并变成金黄色，吸引着亚洲象群从森林中前来。在任何时候，超过100头象，会分成30个或60个小组，可以看到它们在高草丛中前进。它们通过发出低频咕哝声，进行互相交流或与其他象群联络。这些亚声音可以穿过地面传播。它们也是优秀的传粉者：在沿着古老的小路行走时，它们来回穿梭，超越了国家和地区的边界，促进了植物的繁殖及森林的再生。

作为常被称为"温柔巨人"的大象，现在需要我们人类的同情和保护它的栖息地。

---

[1] 请参见世界自然保护联盟红色名录上该物种的信息，网址为 https://www.iucnredlist.org/species/7140/12828813。

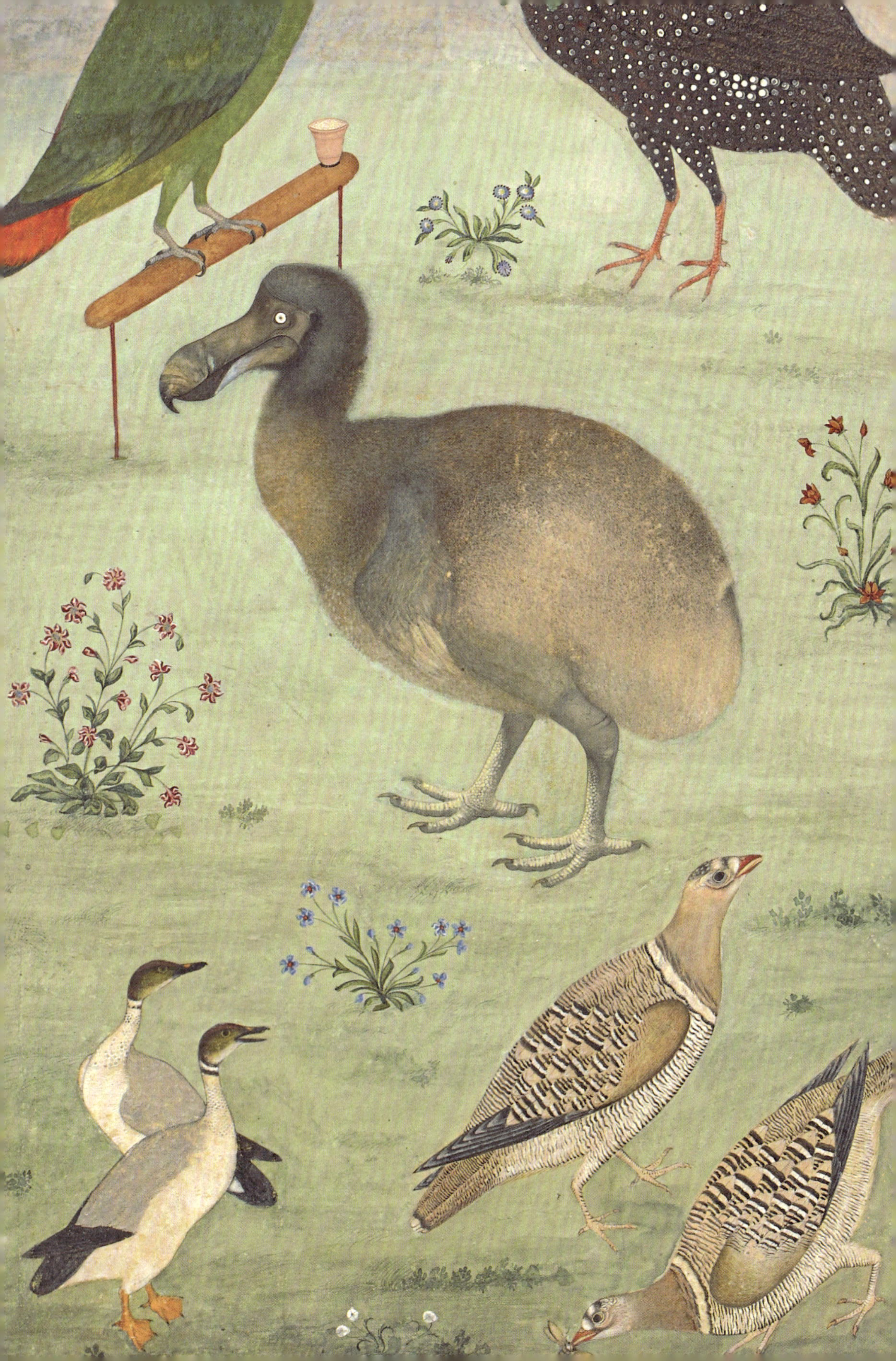

宫廷渡渡鸟

相生相伴
艺术作品中的动物故事

一只外表笨拙的奇怪大鸟，其喙庞大、肿胀且尖端向下弯曲。小小的圆眼睛是耀眼的白色，与头颈部分布的黑色绒毛形成强烈的对比，身体其他部分呈棕色。爪子宽大有力，翅膀相较于结实且粗壮的身体而言比较小，几乎和哺乳动物一样的圆端尾部，表明它不适合飞行。

总体来说，这种鸟类并不优美或迷人，它比较笨拙、颜色普通、外表古怪。尽管如此，相较于在图像里占据着四个角落的其他不同种类的鸟，渡渡鸟位于中心位（重要位置）：我们可以认出两只鹧鸪、两只鸭子、一只鹦鹉（确切地说是苏门答腊鹦鹉），以及一种稀有的雉鸡——绿羽雉。在透明的绿松石底部，颜色渐变成没有明确地平线的纯色，还有一些开着花的小植物。那只奇怪的鸟是渡渡鸟，是鸽子的远亲，但体形更为明显，也许有半米长，重约 25 千克，但很少有人见过，因为渡渡鸟是由于人类的直接或间接迫害而灭绝的第一种动物，至少是有记录以来的第一种。

正如图中所示的那样，渡渡鸟无法飞行，是印度洋毛里求斯岛的特有物种。16 世纪葡萄牙和荷兰人抵达该岛，后来荷兰人在 1638 年定居于此，并导致该物种最迟在 1690 年消失[1]。事实上，当林奈在 1758 年对渡渡鸟进行描述和分类的时候，它已经消失了很长时间[2]。然而，渡渡鸟在 17 世纪的一些图片里就已经存在，现在也能在图片中发现它们。其中最古老的是 1601 年的一张铜

---
[1] 请参见大卫·罗伯茨、安德鲁·索洛《渡渡鸟何时灭绝？》（2003）。
[2] 请参见维基媒体基金会的《渡渡鸟（林奈，1758）》。网址：www.gbif.org/species/113621766.

宫廷渡渡鸟

版画：描述了荷兰海军上将雅各布·范·内克于1598年前往毛里求斯进行远征期间水手们的活动。除了在左边乱窜的渡渡鸟外，还可以看到其他动物，其中一些也已经灭绝，例如毛里求斯凤头鹦鹉。

在接下来的几十年里，许多活体标本被装载到船上并运往遥远的国家，在那里作为异国情调的奇观而受到欢迎，并在死后被制作成标本。其中有一只被送到布拉格，成为给神圣罗马帝国皇帝鲁道夫二世[①]的礼物，另一只在1638年被运到伦敦，甚至还有一只在1647年到达了日本的长崎[②]。此外，在此之前，即1628~1634年，英国商人彼得·曼迪[③]描述了一对他在印度城市苏拉特[④]看到的鸟；也许这正是作为赠品送到印度给苏丹贾汉吉尔的同一批鸟，其中一只出现在这篇文章所讨论的精美小画中。

1627年10月去世的贾汉吉尔是统治印度次大陆的莫卧儿王朝的第四任皇帝，他的继承人就是修建了著名泰姬陵的沙·贾汗。贾汉吉尔"推动了莫卧儿王朝印度波斯文化的传播。他对自然有着浓厚的兴趣，对人性有着深刻的理解，对艺术的敏感性表现在无与伦比的绘画技巧里。在他的统治期间，莫卧儿王朝的绘画达到了极高的程度和水平，内容十分丰富。"[⑤]受他最喜爱的妻子，美丽而博学的波斯裔女子努尔·贾汗的影响，还有贾汉吉尔对美好事物的热爱以及对严格的伊斯兰教规的不感兴趣或没有兴趣，以上都促进了在阿克巴——也就是贾汉吉尔的父亲的时代就已经繁荣了的宫廷工坊的活动。与中世纪的写字室类似，工坊的一个特点就是艺术家们一起在同一幅画像上创作，因此与同时期的西方艺术家们的引以为傲的独创性和艺术家特殊的地位相距甚远。他们

---

① 请参见维基媒体基金会的《渡渡鸟（林奈，1758）》。网址：www.gbif.org/species/113261766.
② 同①。
③ 请参见理查德·C.坦普尔的《彼得·曼迪的旅行》（1914）第3卷第Ⅱ部分第352~353页。
④ 塔雷克·奥努的《莫卧儿王朝的渡渡鸟——为什么贾汉吉尔皇帝要将渡渡鸟收藏在他的收藏品中？》（2019）。
⑤ 请参见梅格·马蒂亚斯的《努尔·贾汗》，来自《大英百科全书》（2021），网址：http://www.britannica.com/biography/Nur-Jahan.

相生相伴
艺术作品中的动物故事

遵循"皇家工作室的合作模式,这是莫卧儿帝国皇帝阿克巴集合智慧所创造的工作方法。使用这种系统,一幅画的制作通常分为两个连续的阶段,例如草图和绘图以及添加颜色。当一位画家绘制时,另一位则负责上色。有时第三位艺术家会完成主要的人物形象或肖像"[①]。

这些工坊已经持续了几十年,生产了各种小型雕塑、装饰和浮雕,描绘出统治者和高官、狩猎和娱乐场景,还有宫殿和花园,以及大量的植物和动物,始终以源自萨非王朝和帖木儿王朝的传统"波斯"风格呈现。[②] 在那个时期活跃在这些工坊的大师之中,备受赞誉的是乌斯塔德·曼苏尔,皇帝称他为"他那个时代的独一无二的大师",纳德尔·沙阿也是如此评价他的。[③]

"很不幸,除了曼苏尔在莫卧儿的工坊工作以外,我们几乎不了解他的生活。曼苏尔的职业生涯始于1589年的莫卧儿王朝,他的手笔可以在由皇帝阿克巴委托的绘画《阿克巴尔纳马》中看到。莫卧儿工坊由皇帝胡马雍(1508~1556)创立,随着皇帝阿克巴而声名鹊起。阿克巴委托创作了一些壮观的作品,如《哈姆扎纳马》《阿克巴尔纳马》《安瓦尔·索哈伊利》,甚至翻译了《罗摩衍那》和《马哈巴拉塔》。"[④] 和他的一些同时代人一样,曼苏尔也专注于花卉和自然主题的画像。然而,曼苏尔也留下了相当数量的肖像和神话故事插图,这些插图是为了满足皇帝的愿望而制作的,这位皇帝是一位对植物和尤其是动物疯狂热爱的人,他用近乎科学般的热情、好奇心和耐心,观察、研究和饲养这些动物。这位君主的好奇心不仅限于他的伟大而辉煌的王国——印度的自然地理,而且还兴致勃勃地转向南亚、非洲、大洋和所有那些他能收到消息或礼物的地方,礼物可能是一些奇怪的四足动物或有羽毛的动物。

例如,波斯送来了一只鹰,但只活了几天:"那时,波斯国王派遣帕

---

① 请参见索姆·普拉卡什·维尔马的《莫卧儿画家乌斯塔德·曼苏尔的花卉和动物》(1999)第35页。
② 同①,第62页。
③ 请参见索姆·普拉卡什·维尔马的《莫卧儿画家乌斯塔德·曼苏尔的花卉和动物》(1999)第47页。
④ 请参见马诺杰·达尼的《乌斯塔德·曼苏尔——他时代的奇迹》(2018),网址:https://www.peepultree.world/livehistoryindia/story/people/ustad-mansur-a-wonder-of-his-age.

宫廷渡渡鸟

里·贝格·米尔·什卡尔（首席猎手）带来了一只漂亮的鹰。鹰因米尔·什卡尔的疏忽而被一只猫撕裂。尽管他们把它带到了宫廷，但它只活了一个星期……由于它是不寻常的东西，我命令拥有奇迹头衔的乌斯塔德·曼苏尔绘制并保存它的形象。"[1] 相比于印度的大象，来自埃塞俄比亚的小象有一些特点，皇帝认真记录了它们的解剖特征："与印度的大象相比，它有一些特点。它的耳朵比当地大象的大，鼻子和尾巴也更长。"[2]

那些动物中只有很少一部分能在人工饲养的环境下生存，而贾汗吉尔不想让它们被遗忘，因此他让他的工坊大师们为它们画像，这些大师可以与今天的国家地理或BBC环球的摄影师和操作员相媲美。他们的绘画风格必须是详细和逼真的，以便能够充分地展现苏丹所写的观察。"贾汗吉尔对研究植物和动物绘画的兴趣是众所周知的。在他的工作室中，超过百名艺术家中至少有八名专门从事动植物肖像画的绘制。"[3] 在这些画家中，印度皇帝经常会给乌斯塔德·曼苏尔分配特殊任务，如需要随皇帝出行并精心"布景"，描绘出植物和动物的形象，使画面既美观又精确逼真。例如在1620年，这位画家跟随皇帝前往克什米尔，在那里他画了至少100种不同的植物和鸟类，包括一只稀有的水鸫[4]。这种特殊而微妙的现实主义和创造力使曼苏尔成为皇帝看重的人，也使他功成名就；然而，艺术家总是自称"仆人"，这可能相当于欧洲的"宫廷画家"。[5]

渡渡鸟的肖像画归功于他的画作，这是已知最古老和最忠实的鸟类，对于艺术史、鸟类学和自然科学的研究都是不可或缺的。在赫尔辛基举行的第12届国际鸟类学大会上，代表们的注意力集中在一幅描绘毛里求斯已灭绝的鸟类——渡渡鸟的肖像上，认为这是迄今为止最古老且唯一有意义的。遗憾的

---

[1] 请参见索姆·普拉卡什·维尔马的《花卉和动物的莫卧儿画家乌斯塔德·曼苏尔》（1999）第47页。
[2] 同[1]，第21页。
[3] 同[1]，第26页。
[4] 同[1]，第38页。
[5] 同[1]，第57页。

相生相伴
艺术作品中的动物故事

是，这幅画没有署名，但它是研究热带雉类物种演化史的关键环节。[①]

尚不清楚乌斯塔德·曼苏尔何时绘制了这幅著名的画作：可能是在 20 年代中期左右，也可能是像其他人所认为的那样，在贾汗吉尔去世后，即彼得·曼迪在苏拉特看到鸟的时候。但是，自从他的苏丹和保护者去世后，就再也没有关于这位艺术家的消息了。有时候，这位热心的皇帝会附上一份详细的动物描述，来说明他所委托的绘画作品。但是关于渡渡鸟，他没有写下任何东西。当然，他当时无法预见到渡渡鸟只剩下那个仿制品——那个他用尽权力想要保留下来的艺术品。

[①] 请参见索姆·普拉卡什·维尔马的《花卉和动物的莫卧儿画家乌斯塔德·曼苏尔》（1999）第 26 页。

乌斯塔德·曼苏尔，
《渡渡鸟和印度当地的鸟类》

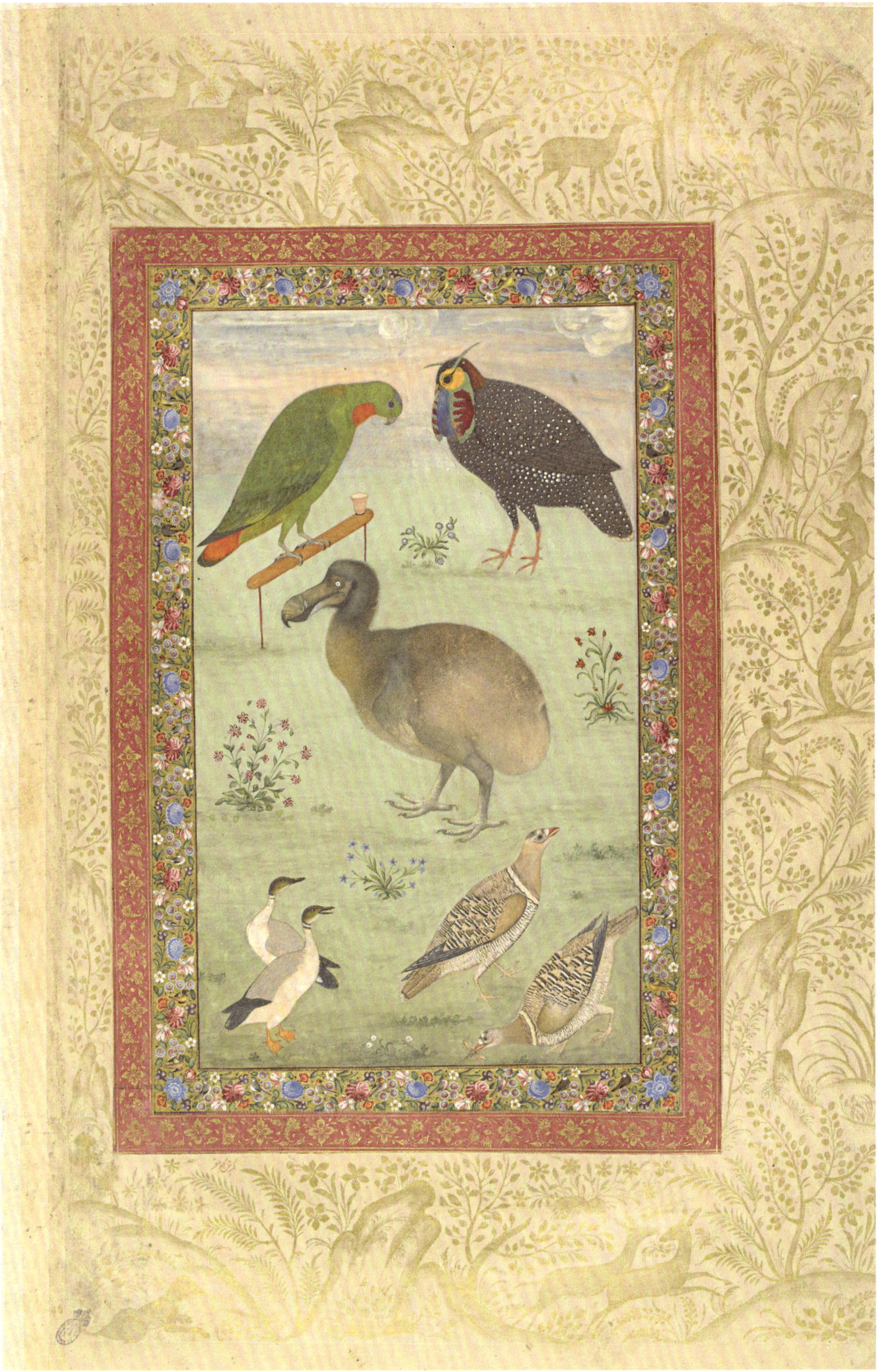

相生相伴
艺术作品中的动物故事

渡渡鸟：灭绝的象征

数百年来，一种无法飞行的大型鸽子一直是人们惊奇、猜测和被嘲笑的对象。"像渡渡鸟一样僵硬"，许多人可能听说过的这种表达方式，在英语世界中经常用来形容某些无用、失败、愚蠢或无关紧要的事情。然而，最近的科学研究表明，历史上关于渡渡鸟的所有猜测实际上都是完全不正确的。事实证明，渡渡鸟并不像17世纪的绘画和在水手的故事中所描述的那样肥胖和愚蠢。由

宫廷渡渡鸟

于缺乏考古证据，关于渡渡鸟大部分都是后人猜测的，包括其名字的起源。在过去的300年中，我们对这种动物的了解基于17世纪旅行者的绘画和故事。唯一可以确定的是，它是由于人类的活动而灭绝的第一个物种。

16世纪末，荷兰探险家殖民了毛里求斯岛（马斯克林群岛，包括毛里求斯岛、留尼汪岛和位于印度洋西部的罗德里格斯岛），在欧洲出现了关于从未见过的奇异鸟类和动物的神话传说，其中包括一种无法飞行的大型鸽子：渡渡鸟。当然，这种肥胖的动物立刻引起了轰动，因为它可以丝毫不动地为艺术家摆姿势，直到它的画像完成为止。

要在地图上找到印度洋上的毛里求斯岛，需要仔细搜索位于马达加斯加东部海岸外的一小片区域。葡萄牙和阿拉伯的水手早在荷兰人之前就知道马斯克林群岛，但他们从未在那里定居探索。根据资料，1598年5月，从荷兰出发了八艘船，是荷兰海军上将雅各布·科内利斯·范·内克指挥下的第二次前往"东印度"（印度次大陆和东南亚）的远征船队。然而，在好望角海域，船队遇到了恶劣天气，分裂成了两个小组。船队副指挥海军上将韦布兰德·范·瓦尔维克指挥下的五艘船于9月抵达了毛里求斯岛东南海岸，当时被称为瑟内岛（由葡萄牙探险家多明戈·费尔南德斯·佩雷拉于1507年命名）。荷兰人重新命名为毛里求斯，以纪念荷兰的执政官莫里斯·范·纳索和奥兰治亲王。不久之后，他们派遣水手登陆该岛寻找食物和水源：于是人类和渡渡鸟相遇了。正是基于这个故事，韦布兰德·范·瓦尔维克被认为是发现这种动物的人[1]。1599年，当整个船队返回荷兰时，渡渡鸟因一份小小的出版物《真实报告》而出名，这自然引起了人们对这种无法飞行的巨大而肥胖的鸟类的极大好奇。

然而，不到100年的时间里，渡渡鸟就灭绝了。在17世纪50年代之

---

[1] 请参见乔利恩·C.帕里什的《渡渡鸟和孤鹤：一部自然史》（2013，美国印第安纳大学出版社在印第安纳波利斯出版）第3页。

·········· **相生相伴** ··········
艺术作品中的动物故事

前，它就变得很稀有了，最后一个可信的目击者发现它是在1662年①，据推测它是在1680～1690年灭绝的。这个灭绝时间甚至早于法国动物学家乔治·居维叶在19世纪初定义"灭绝"这一概念之前。

18世纪法国占领毛里求斯岛期间（1715～1810），在岛上进行了第一次博物普查。根据普查结果，该岛上从未存在过这种鸟类，因为没有任何关于它存在的确凿证据，现在也没有找到证据。因此，人们认为这只是水手们传播的虚构故事。直到1865年的第一份科学报告中提到了渡渡鸟的化石，才重新引起了对这种鸟类的兴趣。巧合的是，同一年，查尔斯·卢特威奇·道奇森（以刘易斯·卡罗尔的笔名为人所知）出版了《爱丽丝梦游仙境》，该书获得了巨大的成功。在书中，渡渡鸟激发了读者的想象力：它是其中的主要角色，代表着作者。

如今，渡渡鸟的灭绝仍是最著名且最具代表性的现代灭绝案例，即由人类在孤立生态系统中引发的灭绝事件。然而，由于样本稀缺，大部分关于该动物的进化和生态学知识仍是推测性的。现有的所有资料都是碎片化的，而且大多数都已经受损。专家认为，将渡渡鸟描绘为超重和愚蠢的生物是非常错误的。

科普作家大卫·夸曼在他广受欢迎的书籍《渡渡鸟之歌》中写道："一片不确定性的迷雾笼罩着渡渡鸟的历史"②。夸曼认为，古生物学家甚至比鸟类学家更了解古代恐龙的详细信息，而鸟类学家对渡渡鸟的了解则更加有限。英国古生物学家朱利安·彭德·休姆强调："尽管有大量的科学文献可供参考，但渡渡鸟的生命历史仍然是个谜。我们对恐龙和其他史前动物的种群结构、筑巢行为、蛋和幼仔的了解，比我们对这种在人类干预下灭绝的鸟类的了解还要丰富。"

近年来，休姆加入了一支研究渡渡鸟唯一完整骨架的研究团队，该骨架来自一只单个个体。多亏了职业理发师和业余博物学家艾蒂安·蒂里乌在

---

① 最后一次确认的目击事件发生在1662年毛里求斯的一个小岛上，由沃尔克特·埃弗特兹报道。请参见戴维·L.罗伯茨、安德鲁·R.索洛的《渡渡鸟何时灭绝的？》，刊于《自然》杂志，2003年11月20日。

② 请参见大卫·夸曼的《渡渡鸟之歌》（1997，美国西蒙与舒斯特出版社在纽约出版）第262页。

宫廷渡渡鸟

1899～1910年，在毛里求斯首都路易港附近收集到这个完整骨架（现保存在毛里求斯路易港自然博物馆）。

在距离发现渡渡鸟遗骸已有155年的2016年3月，经过了五年的研究工作后，一项具有革命性的研究成果——第一份发现的遗骸和一个近乎完整但已经有一个多世纪没有被分析过的遗骸的三维解剖学骨骼图谱发表了。这份三维解剖图谱随后被发表在第15期的《脊椎动物古生物学会会刊》[1]上。这项非凡的研究距离理查德·欧文爵士在1865年首次描述鸟类解剖学已经过去151年，当时他是基于不完整和重新组合的骨骼，这些骨骼是由植物学家和医生菲利普·艾尔斯在1860年发现的。这份新的三维解剖图是第一个展示准确比例和以前未知的部分骨骼，包括膝盖、踝关节和腕骨的图集。

2016年的研究明确了几个事实："渡渡鸟完全适应它故乡的环境。人类并没有猎杀渡渡鸟而导致其灭绝，但是通过人类引入的老鼠和其他掠食者，比如猪和狗，可能对鸟蛋和幼鸟产生了毁灭性的影响。渡渡鸟在人类到达毛里求斯之后不到100年就灭绝了。它们像我们一样有膝盖关节。它们的大钩形的喙用于觅食，也是一种可怕的武器。那些强壮的四肢不仅支撑着它的体重，还让它能够在茂密的森林中快速移动。虽然它的小翅膀不适合飞行，但在它奔跑或快速行走时提供了平衡。"[2]

更为重要的是，研究团队成功地发现了渡渡鸟和相关物种如何应对全球变暖。孤立的物种更容易受到由气候变化引起的环境压力的影响。

根据多项科学研究的结论，我们人类可能正处于第六次大规模灭绝的时期，许多物种的数量下降了60%，孤立的生态系统最脆弱，最容易濒临灭绝。仍有许多待发现和研究的物种，就像渡渡鸟一样，它们可能在我们找到它们之前就消失了。

---

[1] 请参见利昂·P.A.M.克莱森斯、哈内克·J. M.梅耶尔、朱利安·P.休谟等的《渡渡鸟（1758）的解剖学：Thirioux标本的骨骼研究》，刊于《脊椎动物古生物学杂志》2016年第35卷。该论文对渡渡鸟的骨骼进行了研究。http://www.tandfonline.com/toc/ujvp20/35/sup1?nav=tocList。

[2] 同[1]。

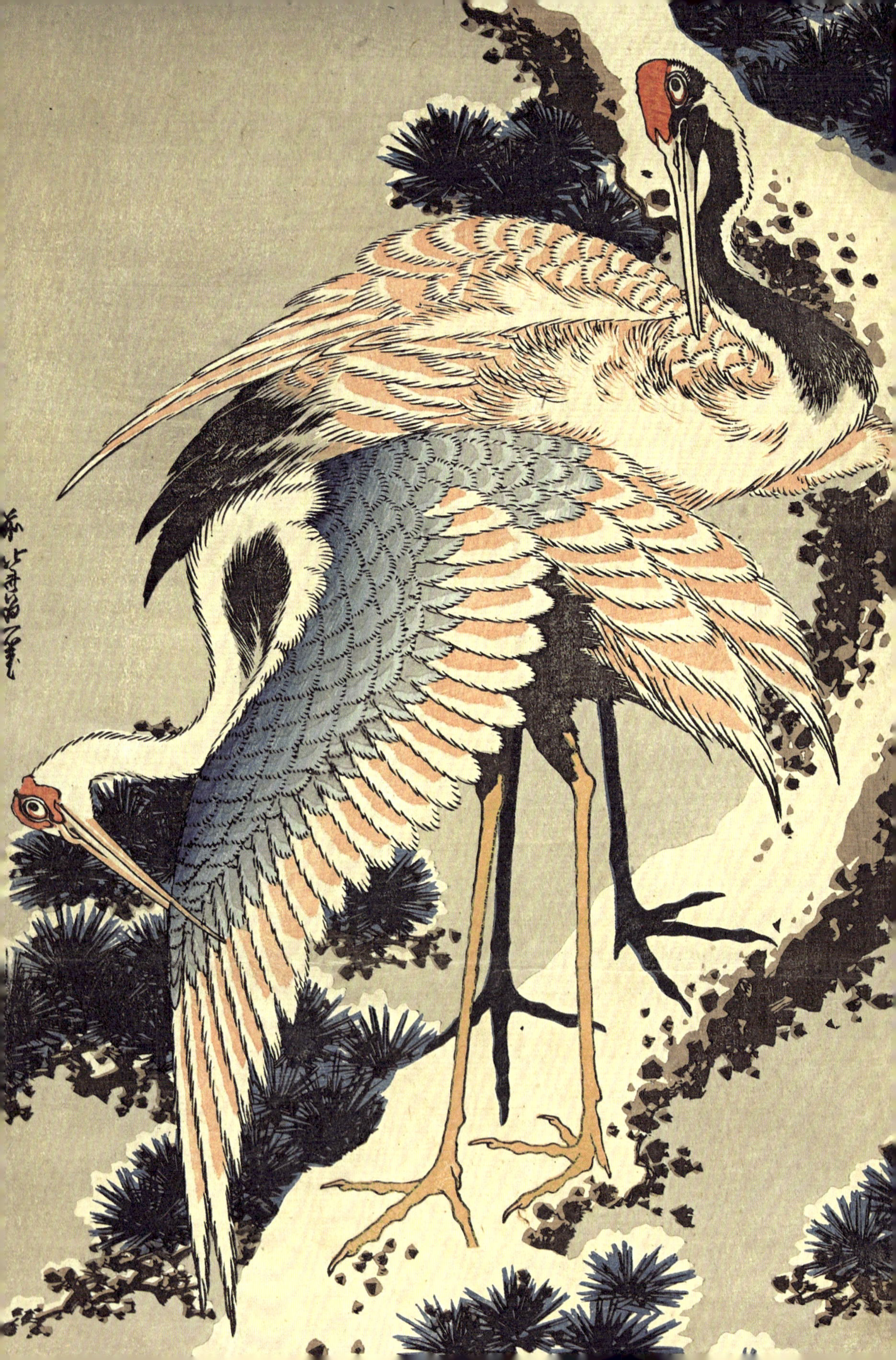

水墨鹤

相生相伴
艺术作品中的动物故事

　　一只鹤优雅地弯曲着脖子，用长长的喙整理着翅膀上的羽毛。它在画面的前景中，长腿靠近图的底部边缘。紧跟在它后面的另一只鹤，与它方向相反，但把头侧向了它的同伴。它们的尾部线条被晕染柔化，露出灰色、蓝色和粉色等色彩丰富的羽毛。

　　动物被一个接一个地精确描绘出来，就好像它们是同一具身体的复制品一样，遵循单一线性趋势的同一曲线的规律。即使是干燥而纤细的爪子，似乎也是以这样的方式排列，为了构建一个精致的镶嵌画法，离得更远的第二只仙鹤的爪子，看起来就是黑色的，陷入阴影里。

　　在日本，一些种类的鹤是定居的，另一些是迁徙的，它们在寒冷的季节来临前飞抵日本的南部和中部。这张图所展示的正是这个季节，两只鹤停在一棵被雪覆盖的松枝上，而这棵松树枝向它们的背后延伸，直到图的顶部。更远处，空间在明亮和朦胧的黑暗之间变换颜色，不知大小，这是我们在冬天欣赏到的那种大地和天空融为一体的空旷。这个场景被描绘得非常细致，同时也是难以捉摸且富有诗意的：就像一个完美的幻象悬浮在不稳定的空间中。毫不意外，很难确定这些鹤属于哪个物种。前景中的那只可能是白枕鹤（*Antigone vipio*）[①]，它在秋季飞抵日本群岛，在寒冷的月份里停留在那里，然后返回大陆筑巢；另一只则更像丹顶鹤（*Grus japonensis*），现在主要栖息在俄罗斯远东地区、中国、朝鲜、日本等国家受保护的地区。图中这种鹤的组合，虽然不乏现实感，但在自然界是不太可能的。最后，是优美流畅的翅膀，伴随着柔软的厚度不一的齿状羽毛。

---

① 白枕鹤的身体呈珍珠灰色，眼睛周围有红色斑点，出现在冬季的日本。而丹顶鹤的身体则是雪白的，头部有鲜红色的斑点，颈部和尾巴是黑色的。

水墨鹤

　　葛饰北斋是日本浮世绘时期的伟大画家和版画家，他在 1832～1833 年，制作了这幅木刻版画。这是他认为非常重要的人生时刻，是一个巨大的革新时期："从六岁开始我就痴迷于复制事物的样式，从 50 岁开始我经常发表绘画作品，但在我的作品中没有杰出的东西。在我 73 岁的时候，我有点感悟到动物和鸟类、昆虫和鱼类，以及草木等生命结构的本质。"[1]他说道，并提出下一步的进展，"到 90 岁时，我可能会更深入地理解其深层含义，到 100 岁时，我可能真正达到了神圣和奇妙的维度。当我到了 110 岁时，即使只有一个点或一条线，也将拥有自己的生命。如果我能许一个愿望，我请求那些能够享有长寿的先生们去验证我所说的是否属实。"[2]也许这就是为什么像他的许多日本同胞一样，葛饰北斋喜欢鹤：鹤是长寿的象征，据说这些大鸟享有长达千年或更长的寿命，生活在不朽的边缘；就像这幅画中的松树一样，它们是鹤的栖木。另外，浮世绘诗学专家歌川广重证实，"松树和鹤的组合在日本艺术中比较传统，早在很久以前就存在了。这是'事物和事物'的传统主题的组合。这些可以理解为由所希望的季节的暗示或它们在形式上或联想上的相互适应性来确定的。在绘画中，经常将特定的植物与特定的动物或鸟类一起绘制。因此，松树经常与鹤联系在一起。"[3]

　　越过西边的大海，前往未知的目的地[4]（也许是神仙岛），鹤除了证实了时间的循环、季节的交替、事物的规律外，还见证人类的不断发展。葛饰北斋[5]喜爱长寿，也许正是因为如此，作为日本人，他喜爱鹤、松树和乌龟[6]；但实

---

[1]　这几行文字是 1834 年出版的《富岳百景》第一卷末尾的一篇简短自传，引自马蒂·福雷尔的《葛饰北斋艺术中的西方影响》第 42 页注 18。

[2]　完整的文本引自吉安卡洛·卡尔察的《葛饰北斋的宇宙》（1999）第 21 页。

[3]　请参见楢崎宗茂的《葛饰北斋 – 歌川广重的自然研究》（1970）第 8 页。

[4]　白枕鹤是候鸟，而居住在日本的丹顶鹤种群是定居的。请参见帕雷特·马蒂森的《天堂的鸟类》（2003）第 217～222 页。

[5]　葛饰北斋的第一位传记作者饭岛镜在 1893 年写道，北斋小时候非常贫穷和不幸，通过他的创造力寻找美丽、秩序和平衡。也许因此，他成了北极星的信徒，北斋这个名字的意思就是"北极星的研究"。参见罗杰·S.凯斯的《年轻的北斋》（1999）第 27～36 页，特别是第 30 页和第 34 页的注 2。

[6]　都是长寿的象征。

相生相伴
艺术作品中的动物故事

际上，他对整个自然界都很关心，他尽量用数量众多、丰富而开放的作品，公正客观地表现出自然界的无限丰富和多样性，包括山川河流、树木花卉、瀑布和动物。因此，江户[①]不仅仅有享受和乐趣、歌伎和剧院，而且它还是浮世绘的重心，也是葛饰北斋自己在青年和成熟时期和伙伴一起学习成长之地。我们显然不知道如果他活得更久[②]，会做什么，但可以肯定的是，从70岁开始，他对自然的兴趣占据了他大部分的时间：他发表了《富岳三十六景》《日本瀑布之旅》《诸国名桥奇览》《琉球群岛的八个景象》等作品，这些地方当时被认为是神话般的异域[③]，以及包括鹤的形象的《大自然的壮丽图像》。

在这个系列中，葛饰北斋选择了一种尊贵的、久负盛名的形式——长条版，这种形式之前一直用于承载绘制英雄肖像、神灵和声望很高的人物的画作。[④]通过这种方式，画作主题被"提升到同样的水平，至少就形式和视觉构图的重要性而言——动物的活动或功能得到了与人类同等的考虑"[⑤]。

一种泛神论的幸福感弥漫在万物之中，甚至让无生命的物体也充满了精神生命的力量；一切都在呼吸，一切都在交流，一切都显得富有意义。艺术家在他非凡的艺术生命中多次描绘了鹤，这些鹤既在图中表现为有血有肉的动物，同时也是一种象征，代表着长寿和对婚姻忠诚，因此它们总是成对出现。这是一种被认同的理念，至少对葛饰北斋来说，已经成为惯用的画图形式，所以一旦鸟类单独出现或者数量不成双的时候，我们就必须仔细思考：其他的鸟在哪里？还有另外一只鸟吗？这也是学者布拉德利·迈克尔·贝利在分析了葛饰北斋1820年为私人承包商制作的三幅版画之后探讨的问题。其中一幅名为

---

① 北斋出生和去世的城市。
② 他在1849年5月去世，享年89岁，这个年龄在当时是相当长寿的，甚至可以说是异常的，这也解释了他自己起的名字——"热爱绘画的老疯子"。
③ 请参见吉安卡洛·卡尔察的《风景的革命》，来自《北斋——热爱绘画的老疯子》（1999）第240~246页。
④ 同①，第245页。
⑤ 同①。

水墨鹤

"丹顶鹤"的版画仅展示了五只被关在传统日本竹笼中的动物。这幅作品暗指当时的社会现实，并引用了民间传说，它并不仅仅描绘了"简单的"动物，这一点也可以从同一系列的下一张图中看出，下一幅图中"一位女子坐在一头白象身上"。尽管铭文只是简单地将她描述为"一位中国女士"，但她的形象既像佛教神明普贤菩萨（梵文中的普贤菩萨通常骑着一头白象），又像广受欢迎的江户时代的高级名妓江口君，这个形象既与慈悲有关——如那胖乎乎的手所示，也与花街女郎有关。尽管这位名妓非常有名，但更有趣的可能是她被解读为传说中的鹤女（tsuru-nyobo），一只化身为美丽女性的神秘而狡猾的鹤。仔细观察，这位名妓的服装揭示了更多的意义，既有字面意义，也有象征意义。她的粉色紧身衣上有鹤的图案。通过复刻，这只曾经被关在笼子里的鸟成为一个立即可识别（尤其是非常难忘）的形象：鹤已经成了不朽的存在。[1]

但是那个神奇而深邃的空间，一位妓女可以变成一只鹤，一只鹤可以变成一个神仙，这只能是精神的、魔法的和艺术的空间领域，那是北斋希望彻底掌握的艺术，以至于他能够最终接近现实的本质。毫不奇怪，他的最后几幅作品是对不可能事情的假想，或是玩笑，或是包含鬼魂、武士、凤凰和日本漫画等与之无关的元素。这些动物，无论是真实的还是虚构的，无论是稳定的还是暂时的，都是灵魂的变形，它们弥漫在整个宇宙里：葛饰北斋的最后一件作品，完成于他去世前的三个月，他描绘了一只动物，名为"雪中老虎"；这头老虎是嘲讽的、柔软的和不真实的，是被比作浮游在无形中的北斋。然而，他用俳句的形式留下了一个承诺："即使成为幽灵 / 也要在夏日的草地上 / 寻找乐趣。"[2]

---

[1] 请参见布拉德利·迈克尔·贝利的《时间飞逝：葛饰北斋失踪的鹤》（2007）第 154~159 页，网站：www.jstor.org/stable/40514688，2020 年 10 月 26 日查阅。

[2] 请参见让信夫的《幻想世界中的作品：葛饰北斋晚期的作品》（1999）第 79~88 页。

葛饰北斋，
《雪松与鹤》

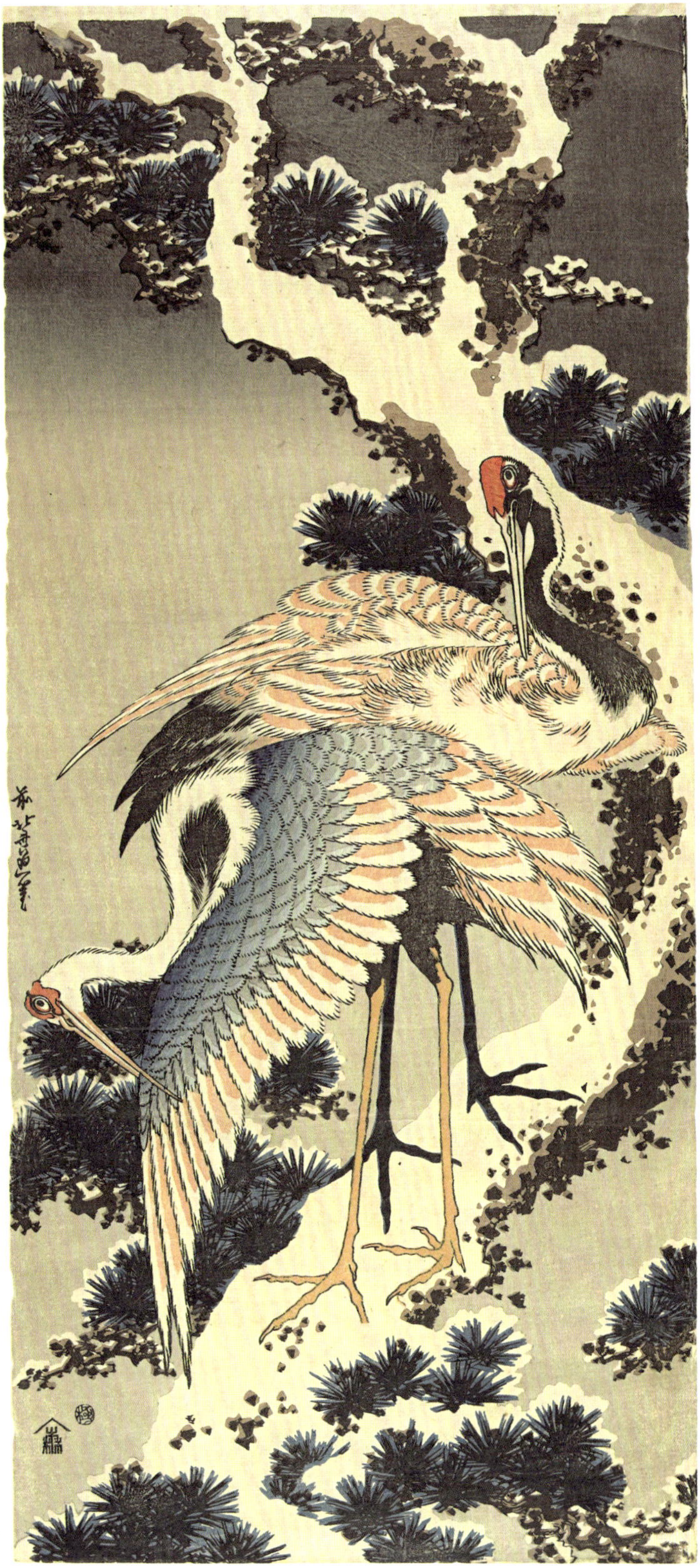

相生相伴
艺术作品中的动物故事

鹤：飞向永恒

想象一下，你站在世界之巅，惊讶地看着成千上万只鹤飞越高峰和云层的边缘。这个故事发生在 1969 年 10 月，当时德国鸟类学家约亨·马滕斯目睹了一个不可思议的场景：三万只鹤在年度迁徙中越过喜马拉雅山脉，飞往南亚次大陆。马滕斯站在悬崖上，悬崖旁就是深深的峡谷，这里是卡利甘达基河从中国西藏流经尼泊尔的地方。他详细记录了鹤在安纳普尔纳山和道拉吉里山脉上空的壮观迁徙飞行,并发表于1971年的鸟类学杂志《鸟类观察员》。①

喧闹的鹤群以典型的"V"字队形飞行,这是大自然的奇迹之一。任何观察过这些高高在上的鸟类飞行的人都是无法忘记的。多年来,我们都被鹤群的表演、舞蹈和求偶动作所吸引。

这些对鸟类迁徙的兴趣可以追溯到古希腊哲学家亚里士多德的时代。在十卷《动物志》②中,亚里士多德谈到了鹤和其他飞禽从更高的海拔迁徙到较低的海拔。鹤能够进行漫长而艰苦的旅程,这种能力也在其他的,如从荷马到老普林尼的古典作品中有所涉及,也在古代就已经流传的各种神话和传说里。一则民间故事讲述了鹤在当年的迁徙中背上了较小的鸟类,甚至穿越了大海。另一个传说是,在这些漫长的朝圣旅程中,群中的一些鸟会交替担任警卫,一条腿正常,另一条腿攥一块石头。如果它们睡着了,石头就会掉下来,把它们惊醒。③ 这些寓言故事在全世界各种不同的文化中都很常见,人类普遍认为鹤是永恒、神圣、幸运和美丽的象征。不同的物种一直与人类共享居住空间,并共同生存。

根据杰出的美国鸟类学家、内布拉斯加大学的名誉教授保罗·约翰斯加德的说法,鹤是现存最古老的鸟类之一。它们分布在除南极洲和南美洲以外的所有大陆。根据900万年前的化石遗骸,沙丘鹤(*Antigone canadensis*)是目前存在的最古老的鸟类物种之一。世界上有15种不同的鹤,其中白鹤(*Leucogeranus leucogeranus*)正面临着严重的灭绝威胁。其一个亚种曾经在冬季迁徙到印度,但在21世纪初已被宣布灭绝。在当前的人类世(又称人新世,是一个尚未被正式认可的地质概念,用以描述地球最晚近的地质年代,译者注)中,所有鹤都必须面对某种与人类活动相关的威胁。除了白鹤之

---

① 请参见约亨·马滕斯的《尼泊尔喜马拉雅地区鸟类迁徙的研究》,收录于《鸟类观察员》1971年第26期第113~128页。

② 请参见亚里士多德的《动物志》第八卷第12章,收录于《亚里士多德历史片段》,以及普鲁塔克、波菲里奥合编的《动物的灵魂》(2015,意大利艾奥迪出版社在都灵出版)第30~31页。

③ 请参见彼得·泰特的《幻想之飞:神话、传说和迷信中的鸟类》(2007,美国德拉寇特出版社在纽约出版)第14页。

······· 相生相伴 ·······
艺术作品中的动物故事

外，另外三种鹤也被认为处于危险之中，它们分别是北美洲的美洲鹤（*Grus americana*）、东北亚的丹顶鹤（*Grus japonensis*）和非洲撒哈拉以南地区的灰冕鹤（*Balearica regulorum*）。国际鹤类基金会（ICF）[1]还指出，15 种鹤中有 11 种面临生存威胁。

无论是在战争还是和平时期，鹤都无处不在地影响着人类的生活。据鸟类学家称，三分之一以上的丹顶鹤（数量正在减少）在朝鲜非军事区越冬。朝鲜非军事区横跨半岛，长约 250 千米，宽 4 千米。位于非军事区南端的村庄阳池现在是鹤和其他候鸟的主要栖息地之一。鹤使这个地区更加充满异国情调，现在阳池被称为"候鸟村"。

在东亚，丹顶鹤也被称为仙鹤，是最受欢迎的动物之一，象征着幸运、忠诚、长寿和不朽。在中国武术中，许多招式都是从这些鸟在它们自然栖息地的动作中汲取的灵感。在日本，折纸（将纸折成动物形状的艺术）是广为人知的传统。根据古老的传说，据说只要能够折叠 1000 只纸鹤的人，仙鹤可以帮助他实现一个愿望。

1969 年秋天，德国美因茨大学教授约亨·玛顿斯在喜马拉雅山观察到了蓑羽鹤（*Grus Virgo*）的艰难迁徙之旅：每年 8 月底，这些候鸟从中亚平原飞抵南亚次大陆，穿越危险的喜马拉雅山脉和兴都库什山脉。它们每一只都像美丽的王子或公主，有着闪亮的红色眼睛，黑色头颈上的活泼白色羽毛随着微风飘动。

蓑羽鹤像其他的鹤一样飞行，头和脖子挺直，腿向后伸展，飞行高度在 4875～7925 米，这一点已经被玛顿斯证实，并且它们保持着高海拔飞行的记录。在它们艰难的旅途中，穿越高山时，许多蓑羽鹤会因疲劳和饥饿而死亡，或者被鹰抓住。在玛顿斯观察的基础上，日本滑翔协会和日本鸽子赛协会的气象顾问、日本气象厅前官员宫内俊一认为，一只鹤可以从喜马拉雅山超过 8000 米的高空滑翔 300 千米。

每年 8 月的最后一周，成千上万只鹤飞抵印度拉贾斯坦邦的基尚村，直到次年 3 月底才离开。在 12 月和 1 月，我们可以看到一个惊人的景象：8000 只或 10000 只鹤在村庄附近安静地觅食。在这个地区，向鸟类撒播谷物和水

---

[1] http://savingcranes.org.cn/.

水墨鹤

是当地的传统。村庄居民声称，蓑羽鹤已经存在几个世纪，尽管环保主义者坚持认为它们的数量在最近几年，特别是在过去的 75 年有所增加。当地居民相信 Vasudeva Kutambakam（一个梵语短语，见于印度教文本，如《摩诃奥义书》，意思是"世界是一个家庭"，译者注），认为生活在地球上的所有物种都是一个大家庭的一部分，这也反映在宗教、文化和态度上。这就是为什么一些特别的野生动物会在某个连人类都难以维持生计的、原本充满敌意的地区繁衍生息。即使在最严重的干旱期间，基尚村及附近的人们会募集捐款为野生动物提供水、食物和草料。当地几乎每个村庄都有一片名为奥兰（Oran）的小树林，人们虔诚地保护着这片树林。他们认为这是上帝对贫瘠土地的恩惠的表现，因此砍伐树木、猎杀动物或违反奥兰律被认为是最严重的罪恶之一。

可以认为，蓑羽鹤在它们（可能是以更小的群体旅行）的前辈探索飞行路线之后，决定将基尚村作为休息的理想目的地。或者这也可能是因为当地人一直以来很尊重这些优雅的动物，他们从未像城市居民那样感到过分激动。另一种解释是，鹤在民间歌曲和童话故事中的存在，可能是因为它们被视为象征优雅和美丽。最常见的旋律是关于"蓑羽鹤少女"的，它是女人们的信使，她们的丈夫在遥远的土地上工作。父母称他们的女儿为"kurjadi"（源自当地对蓑羽鹤的称呼"kurjan"），毫无疑问是因为他们认为女儿和鹤一样苗条、优雅和美丽。当一个女儿结婚时，家庭会将前往新生活的旅程比作蓑羽鹤的飞行。无论是欢乐还是悲伤，村民都会给鹤喂食以此来庆祝他们生活中出现的任何事情，这就解释了村庄中散布着大量的麦田，这些麦田是好运的圣地。

印度也是赤颈鹤（*Grus Antigone*）种群数量最多的国家，这种鹤常见于印度北部和中北部的稻田。这种鹤高 1.5 米，翼展 2.5 米，是世界上最高的能够飞行的鸟类。在印度，有 1.5 万~2 万只赤颈鹤，主要集中在北方邦。

然而，赤颈鹤的种群数量正在下降，这是由于栖息地的丧失以及因人类活动导致的湿地减少。此外，这些壮丽的鸟类生活的领土现在随着新的高速公路、铁路、工业和城市定居点的不断快速发展被深度分割。此外，许多赤颈鹤

相生相伴
艺术作品中的动物故事

个体在与电线碰撞或在吃田野上的作物摄入农药后死亡。

全球范围内，鹤的栖息地都面临着相似的困境，这使得物种保护成为一项复杂的挑战。此外，在非洲，为了驯养和贸易，灰冕鹤和黑冠鹤也遭到了捕捉的威胁。国际鹤类基金会对马里黑市的调查发现，成千上万只鹤被捕捉和贩运到欧洲、中东和亚洲其他地方。

尽管面临威胁和损失，鹤仍然通过它们广阔的迁徙路径忽略任何政治边界将世界各地的人民联系在一起。作为"关键物种"或"受保护物种"，它们代表着湿地和草原的生态系统，加强了河流、漫滩和河口之间的联系。这些水域经常跨越大陆，对于人类在地球上的生存至关重要。如果这些生态系统受到损害，鹤和整个人类都将受到影响。

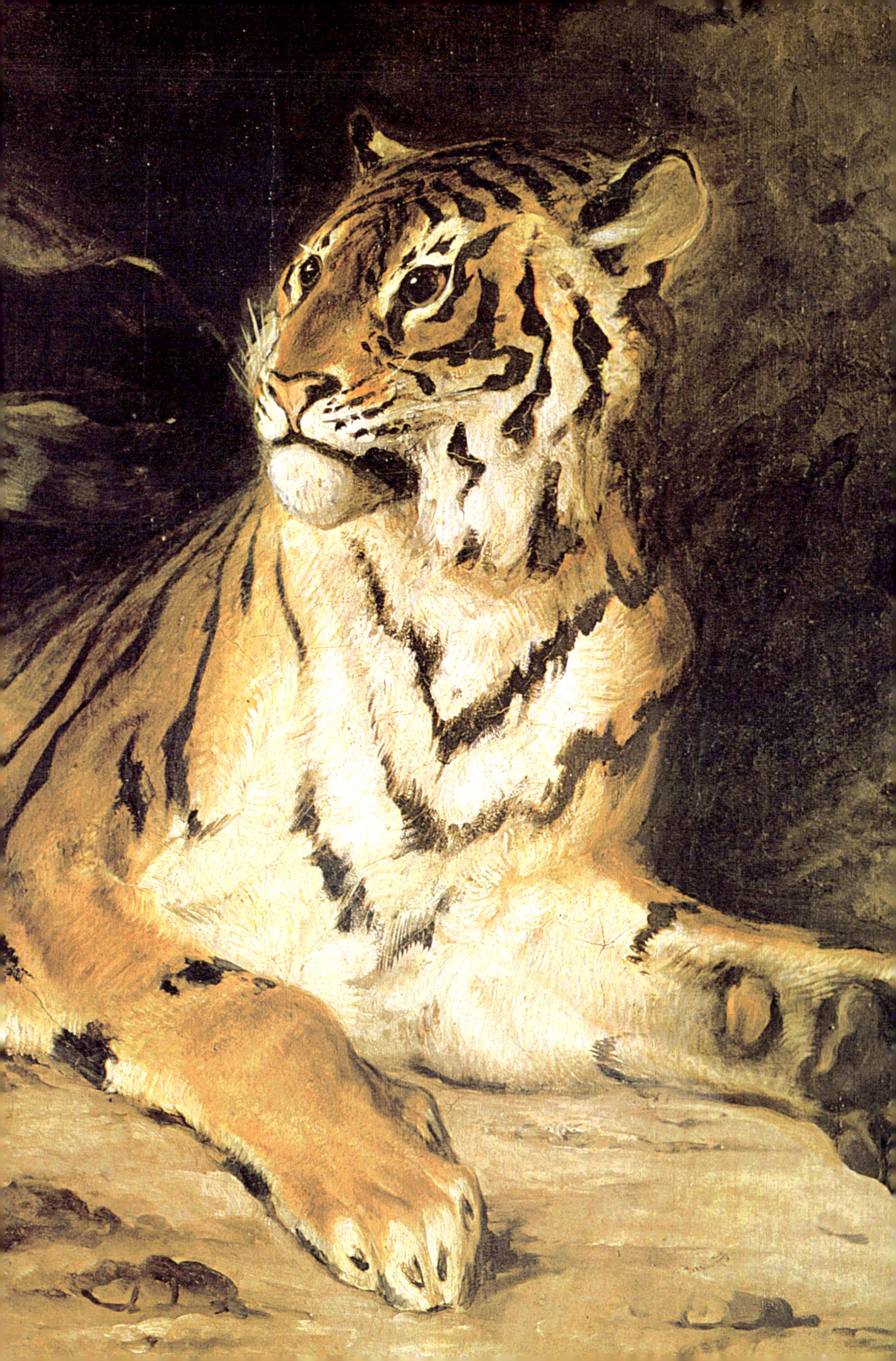

浪漫主义的老虎

相生相伴
艺术作品中的动物故事

两头大老虎毫不在意旁观者，形成了一个出乎意料的家庭和谐画面。处于光线中心的大老虎，舒适地躺着，占据整个画面。它的左前腿靠在一侧，展示着它柔软的黑色肉垫爪子；它的爪子看起来很大，但符合动物的解剖结构。

这头大型猫科动物专注、警惕和好奇地注视着周围，圆形的耳朵轻微向后倾斜，触须下垂，相对较小的头部更加显得神秘；毫无疑问，这是一头雌性的孟加拉虎，具有美丽的红棕色皮毛，腹部、胸部和腿内侧的颜色较浅。这头雌性孟加拉虎，能容忍一头可能刚成年的小老虎接近，小老虎卧在其背后，试图抓住它的尾巴，就像一只玩耍的小猫咪。艺术家注重细节，例如后腿明显更长和耳朵上的白斑：显然，为了这幅画，他们摆放了真正的老虎，仔细观察它们的行为和动作。这些老虎可能来自驯兽师亨利·马丁或圣克劳德动物园[1]，年轻的欧仁·德拉克洛瓦曾在那里度过漫长而辛苦的时间，他从19世纪20年代末开始创作了许多动物主题的素描和作品。"他在动植物园度过整整的一天，观察动物在各种姿势下的表现，沉浸在它们的动作和线条中，寻找它们主要的性格特点……德拉克洛瓦是最早的动物画家之一。"[2] 这位艺术家的研究充满了纯粹的窥视快感，也是为了研究细节，以构建更为复杂的场景，这些场景以当时在巴黎沙龙中流行的东方主义为特色。但也包括像《嬉戏中的母虎

---

[1] 请参见阿莱特·塞鲁拉兹、爱德华·维诺所著的《欧仁·德拉克洛瓦的动物图鉴》（2008），第87页。
[2] 请参见G. 达根蒂的《欧仁·德拉克洛瓦自传》（1885，法国J. Rouam出版社在巴黎出版）第33～34页。

浪漫主义的老虎

与幼虎》①这样的作品，这些作品是对遥远的土地和它们的野性美的浪漫致敬。同样在1829～1830年，还有一幅精妙的石版画②，描绘的是一头蹲在草地上的孤独老虎，背景是一座多岩石的山和广阔而荒凉的景象；也许这就是另一幅画作中所描绘的同一只动物，强壮的弯曲的后腿非常突出，耳朵向后贴着，目光如磁铁般集中，眼神在警惕和威胁之间，身体处于伏击和恐惧之间；这是一种不寻常的极度集中和懒散惯性的组合，野兽好像很放松，但实际已经做好准备，德拉克洛瓦以精湛的视角捕捉到了这一点。

这位艺术家被动物和自然世界的魅力所折服，但他从未见过丛林和森林。即使他在1832年前往亚洲和非洲旅行，也不曾遇到野生动物，显然更不会遇到老虎。他唯一的资料来源是法国的巴黎动物园，更准确地说是圣克劳德动物园（或者对于狮子来说是植物园的动物园），该动物园于1794年末开放，于19世纪20年代初为凶猛的野兽设置了"现代化"的笼子。整个19世纪，动物园都吸引着那些寻找异域风情主题的法国画家们，或者对于那些想"真实"复刻奇怪动物来练习的画家来说，这些动物在浪漫主义想象中几乎就是童话的化身，但它们都被坚固的栅栏所隔离。

在西方绘画中，浪漫主义画家对历史尤其是中世纪的历史着迷，将绘画与人民对自由的渴求相结合，特别是希腊人民，他们当时正在与压迫者土耳其人做斗争。在杰利科、文颂、贝扎尔、伊萨贝和其他许多人的画布上，对一个令人迷惑的东方的品味（这种现象的特点是热衷于欣赏外国的地方、民族和习俗，有时也会同时悲观地贬低本国的习俗和传统，译者注）与1830年刚刚开始的壮丽景观融合在一起③，政治的热情激发了爱情的狂热，想象的痛苦激发了

---

① 这是一件非常著名的大型作品，保存在卢浮宫，日期为1830年。
② 这个作品保存在大都会艺术博物馆，档案号为Delteil 80.II/4；Delteil/Strauber 80.II/5。请参阅 https://www.metmuseum.org/art/collection/search/337104。
③ 从爱德华·赛义德于1978年出版的有争议但非常成功的作品《东方主义》开始，这个话题已经成为许多研究和争议的对象。在这里，我们希望避免陷入最近争议激烈、在许多方面令人遗憾且无用的极端立场争论。

相生相伴
艺术作品中的动物故事

精神的渴求。简而言之，是呼喊，是不安。年轻的德拉克洛瓦[①]在30岁时的一幅中世纪主题的画作《但丁和维吉尔共渡冥河》在沙龙展上亮相，这幅画作既庄严又令人不安，引起了评论界的注意。这幅作品并没有获得成功，但仍然引起了人们的关注。两年后，他的第一个受希腊人民斗争启发的主题作品《希阿岛的屠杀》亮相，遭到了斯坦达尔的猛烈批评，但公众和法国政府却对其给予了认可，购买了这幅作品并授予了他二等奖章。[②]然而，最糟糕的情况发生在1827年，德拉克洛瓦画了《萨达纳帕拉之死》，它描绘了残忍的亚述国王将他的宠妃和所有妃嫔一起带到了来世（走向死亡）。这幅画作狂放而残暴，戏剧且荒诞，充满了性和暴力，成了新浪漫主义的宣言，也因为艺术家使用的大量的红色色调所表达的强烈程度而被所有古典主义者所憎恶。

此时，由于《萨达纳帕拉之死》画作事件争议，德拉克洛瓦暂停了相关工作，老虎们便登场了（作者开始画老虎了），它们不是为了唤起异国风情，而是在模糊而虚构的背景下展现自己的本色。在树木、林荫道和笼子之间，热情洋溢的德拉克洛瓦找到了可以满足他渴望观察的动物——老虎，并被允许在动物被喂养时进入，以研究它们的行为举止[③]。这些观察在一定程度上有助于转变他的绘画风格，赋予它新的史诗色彩。正是这些色彩在他的巨作《自由引导人民》（1830）中给人留下了深刻的印象。最终，即使是最谨慎的评论家也喜欢老虎："这是展览中最好的作品之一"，例如路易斯·佩斯评论1831年的沙龙时写道，当时德拉克洛瓦展示了与母亲玩耍的小老虎。"老虎被精美地描绘出来，头部具有出色的真实感和表现力，动物的姿势展现了非凡的能量。"[④]

但是为什么是老虎而不是同样性感的（线条优美的）豹子，或者更威猛的狮子呢？不，不，画家也画过它们；德拉克洛瓦一生都在研究和描绘动

---

① 关于年轻的德拉克洛瓦，文献资料是庞大的，例如，阿莱特·瑟鲁拉兹的《德拉克洛瓦和他的时代》（1996年），其中的摘要和精准描述是有用的，请参见第66~72页。

② 同①，第69页。

③ 请参见阿莱特·塞鲁拉兹、爱德华·维诺所著的《德拉克洛瓦的动物寓言》（2008）第92页。

④ 请参见路易斯·佩斯的《德拉克洛瓦先生的浪漫主义》发表于《国家报》，1831年5月30日。

浪漫主义的老虎

物①，从马开始，然后专注于猫科动物，尽管他那些大型、充满活力和动态的狩猎组合画作直到 19 世纪 50 年代才出现。然而，在他的想象中，老虎占据了一个特殊的地位：它比狮子更具挑战性，象征性更少，肯定比狮子有更少的男性化，几乎在经典的描绘中不存在，因此更具异国情调，更具感性。老虎的含蓄、矛盾和令人可惧的雌性特征在德拉克洛瓦所画的动物的尺寸上得到了确认，当他勾勒出两头猫科动物之间的不可能的冲突时，错误地将老虎的尺寸画得比狮子小。②

但老虎是雌性的，正如德拉克洛瓦的伟大崇拜者查尔斯·波德莱尔在一段时间后在《勒忒河》③中明确指出的那样：

来吧，残忍而听不见的灵魂，
我心爱的老虎，慵懒的怪兽；
我想长时间地把颤抖的手指沉入你厚重的鬃毛中；

在充满你香气的裙摆中，
埋葬我痛苦的头颅，
并呼吸，像一朵凋谢的花朵，
我已逝去的爱的甜美气息。

这就是德拉克洛瓦所追求的，生动活泼、迷人而危险，既吸引人又罕见，极为稀有，因此成为那种奢华繁茂的异国情调的女王，这种情调在法国结束对

---

① 关于这种热情，还可以参见阿莱特·塞鲁拉兹、爱德华·维诺所著的《德拉克洛瓦的动物寓言》（2008）。
② 实际上恰恰相反；非洲雄狮的体重通常约为 190 千克，孟加拉虎的体重则很容易超过 230 千克。
③ 这首美妙的诗歌于 1857 年被收录在诗集《恶之花》中。

相生相伴
艺术作品中的动物故事

印度的殖民[1]后变得更加令人向往。

老虎在绘画中比较罕见：虽然1524～1526年波纳迪诺·路易尼为科莫大教堂祭坛绘制的《三博士朝圣》中出现了一头老虎、一头长颈鹿和一头大象，但这头大型猫科动物很少出现在欧洲的绘画和艺术中。在历史上，老虎曾生活在里海周围，是一种现已灭绝的亚种。希腊人[2]知道老虎的存在，但在中世纪的记录中没有提到，欧洲的贵族们的笼子里充斥着豹子、狮子和其他猫科动物。因此，它成了具有代表性的异国动物，彼得·保罗·鲁本斯是德拉克洛瓦的崇拜者，他在1616年为巴伐利亚候选公爵——马克西米利安一世画了一幅风景如画但不太可能实现的狩猎场景[3]，并与其他三幅画合在了一起。在一个充斥着肢体、马匹和东方面孔的混乱场面中，来自（非洲、欧洲和美洲）三个大陆的顶级猎食者们共同应对着人类的凶残：一头狮子被一名年轻力士砍掉了下巴，一只美洲豹[4]躺在地上，已经被打死；还有两头老虎，其中一头用它强壮的利爪抓住一名骑士，看起来并未给对方留下活路。这是对早期东方主义的赞美，与此相比，对于这位佛兰芒（比利时北部，比利时两个民族之一，译者注）艺术家是如何，在哪里收集到那些充满异国情调而又无实际意义的掠食者的问题是无意义的；这可能是他的想象，也有可能是某个王室的保护区。就像德拉克洛瓦在动物园里遇见他的老虎一样，他虽然模拟了不同的场景，但他的绘画背景却模糊而且充满了树林、岩石、远方的平原，有时是山脉，还有远方天空中飘荡着巨大的积云。有时，还有其他动物伴随着老虎出现，比如一只无辜的海龟，尽管有壳，但也成了猫科动物易捕猎的目标，或者一条危险的蛇，在德拉克多瓦一幅晚期作品（1860）中，它缠绕在树干上与老虎进行搏斗。没有任何栅栏的痕迹；换句话说，在第五区动物园的人造现实中，没有任

---

[1] 拿破仑冒险结束后，法国在印度的领土变得边缘化，仅仅被英国当局容忍，当时英国才是印度的真正主人。
[2] 迪俄尼索的车，实际上是由老虎拉的。
[3] 《猎虎》现今保存在法国的雷恩美术馆。
[4] 通常的描述认为这是一只豹子，但实际上不是。

浪漫主义的老虎

何痕迹，而是充满了类似印度森林的茂密灌木丛，或者印度尼西亚湿润而繁茂的森林；这些场景几十年后也会在埃米利奥·萨尔加里位于都灵郊区的公寓里出现[1]。

然而，值得一提的是，至少有一位浪漫主义大画家超越了异国情调的陈词滥调：意大利古典主义画派的代表人物弗朗西斯科·海耶兹和他于1831年创作

弗朗西斯科·哈耶兹，
《笼子里的狮子和老虎与画家的肖像》

的特别的自画像《笼子里的狮子和老虎与画家的肖像》[2]。在那个时期，艺术家所在的米兰还没有动物园，但在东门公园里散落着好几个笼子，其中有一个笼子里装着一头狮子和一头老虎，或许是受到古老马戏团和经典竞技场的想象所启发。"谁曾经在两个月前看到我们这些人，看到那些温顺地被放在同一个笼子里的野兽，这是博物学上的真正奇迹"，批评家德芬邓特和朱塞佩·萨琪写道，"可以清楚地看到这些画作所表现的强大创意。"[3]

事实上，海耶兹证明他的绘画比德拉克洛瓦的要更真实，他捕捉到了这头可怜的老虎神经质的步伐、愤怒的无助感，因为它生硬地衡量着禁锢自己的狭小空间；这就是我们许多人在被囚禁的野生动物身上观察到的那种可怕

---

[1] 萨尔加里实际上是在出生地维罗纳写下了"马来西亚系列"的第一部小说，但他从未离开过意大利。这个系列的一个英雄，印度人特雷马尔·奈克，在《黑森林之谜》（1887）中有一头名叫达尔玛的老虎宠物。当然，是雌性的。参见乔瓦尼·阿尔皮诺和罗伯托·安东内托的《萨尔加里，英雄之父》（1991，意大利蒙达多利出版公司在米兰出版）。

[2] 油画《笼子里的狮子和老虎与画家的肖像》（1831），43厘米×51厘米，现藏于意大利米兰的波尔迪-佩佐利博物馆。

[3] 请参见德芬邓特和朱塞佩·萨琪的《1831年的米兰美术》，引自F.M.弗朗切斯科·哈耶兹的《笼子里的狮子和老虎与画家的肖像》，作品介绍收录于弗朗西斯科·莱昂内、玛丽亚·维多利亚·马里尼·克拉雷利、费尔南多·马佐卡、卡洛·西西合著的《19世纪的面孔》。2010年出版，第245页，画作编号47，第134页。

······· 相生相伴 ········
艺术作品中的动物故事

的、坚持不懈的来回运动。但海耶兹在画这幅画时可能没有想到这一点，而是想到了他自己作为一个浪漫主义画家的状况，因为他被反对的批评家边缘化，他被当作异国动物，如同被关在笼子里的老虎，被困在学术规则的坚固栅栏之间。这是一个玩笑，但它也提供了一个新的视角，展示了19世纪欧洲对野生动物的想象，以及大型动物展览会的现实场景，这些动物突然从东方梦境中被抽离，被关在小铁笼子里，作为一个名为"动物园"①的新型大众娱乐活动中的演员展示。这是一种新的"自然"意识下的新形象。

---

① 在几个世纪里，异域动物一直是宫廷和权贵们特有的奇观和景致，而正是在那些年代，欧洲的首都城市开始开设公共动物园。最古老的动物园是维也纳的美泉宫动物园，于1779年向公众开放。

138

浪漫主义的老虎

欧仁·德拉克洛瓦，
《嬉戏中的母虎与幼虎》

相生相伴
艺术作品中的动物故事

虎的希望

恒河三角洲的红树林（位于孟加拉国孙德尔本斯国家公园）是世界上最大的红树林之一，在这里老虎的数量正在缓慢地回升。在过去的几年中，自动摄像机记录了这种大型猫科动物在破纪录的高海拔地方出现。一头雄性老虎在海拔 3600 米的地方被拍到，这可能是老虎所达到的最高海拔。[1] 不论是在亚洲炎热的热带丛林，还是俄罗斯联邦的冰冷雪林中，老虎的栖息地都包括了最

---

[1] 请参见世界自然基金会的《老虎在北锡金地区被拍到》（2019-07-27），https://www.wwfindia.org/news_facts/pres/?18501/Tigers-camera-trapped-in-North-Sikkim.

浪漫主义的老虎

极端的气候,是地球上最后的真正野生之地。在密林里,阳光和树荫玩起了捉迷藏,人类无法用言语来描述与动物相遇的那短暂几秒。对于那些在老虎的自然栖息地中与老虎面对面的人来说,这是一种永远难忘的经历。老虎是环境保护的关键物种:作为超级掠食者,它们维持着森林生态系统的平衡,这个生态系统为人类提供了许多赖以生存的必需品,如清洁的空气、食物和水。

印度 50 年的保护工作增加了全球老虎的数量,给人们带来了希望,只要采取适当的长期措施,野生动物的数量就能恢复。2019 年 9 月,老虎的六个亚种[1]的总数被更新为 4642 头,此前印度在 2018 年的普查中有 2967 头的记录。2018 年"印度虎的状况"[2]评估,因使用摄影机进行最大规模的野生动物调查而被列入吉尼斯世界纪录[3]。为了让人们了解这一相当大的行动的规模,在整个森林中安装了 26838 个摄像头。

在这 2967 头老虎中,印度已经拍摄到 2461 头。收集了动物两个侧面的照片,并创建了一个独特的数据库。就像我们的指纹一样,每个个体都可以通过特定的条纹排列进行识别。没有两头老虎有相同的条纹,而且身体两侧的图案也不是对称的。仅仅十年前的 2010 年,情况还非常不同。当年 11 月,来自 13 个野生虎种群所在国家的环保主义者、管理人员、科学家和其他专家在俄罗斯圣彼得堡的冰天雪地中举行了国际虎论坛,为这个迷人的物种制订恢复计划。当时全球老虎的数量位于历史最低点,仅有 3200 头,其中仅有 1706 头在印度,而该物种的栖息地已经缩减到只有其历史范围的 5%。曾几何时,从土耳其东部到日本海沿岸,再到东南

---

[1] 老虎的新亚种分类还没有被广泛接受。2017 年,世界自然保护联盟(IUCN)提出了两个老虎亚种,即大陆虎和巽他岛虎或苏门答腊虎。由于所有剩余的老虎只在苏门答腊岛发现,爪哇和巴厘岛的老虎被宣布灭绝。大陆虎包括孟加拉虎、马来虎、印度支那虎和阿穆尔虎(或称西伯利亚虎、东北虎)种群。里海虎在野外已经灭绝。中国的野生华南虎已灭绝,但在一些动物园中还有一些华南虎个体,全世界人工饲养华南虎的数量有所增加。

[2] 请参见印度的国家虎保护局(https://ntca.gov.in)。

[3] 这次普查覆盖了 38.14 万平方千米的森林,包括 522996 千米的路径。26838 个摄像机普查了 1210337 平方千米的区域;共分析了 34858623 张照片;其中包括 76561 张老虎的照片。

相生相伴
艺术作品中的动物故事

亚的苏门答腊岛、爪哇岛和巴厘岛，都能看到这种雄伟的动物。

今天，只有孟加拉国、不丹、柬埔寨、中国、印度、印度尼西亚、老挝、马来西亚、缅甸、尼泊尔、俄罗斯、泰国和越南仍在守护着野外仅存的老虎。然而，截至目前，印度政府还没有收到世界自然保护联盟关于新分类的指示，印度国家老虎保护局的官员证实了这一点。此外，据当地专家说，这种分类对老虎保护没有任何价值，因为它否定了与亚洲不同亚种相关的任何国家或地区的自豪感。印度仍然认为老虎有五个亚种：阿穆尔虎（在俄罗斯远东和中国东北）、北印度支那虎（在马来半岛以北的印度支那）、马来亚虎（马来西亚半岛）、苏门答腊虎（苏门答腊）以及孟加拉虎或印度虎（南亚次大陆）。

然而，最近一些主要专家的评估表明，在越南、老挝和柬埔寨出现了老虎局部灭绝的情况。在柬埔寨，相关人员正在制订计划重新引入老虎。

尽管老虎的数量在这十年间出现了惊人的增加，但这种标志性的亚洲猫科动物仍然面临着多种威胁，而且情况可能会非常迅速地发生逆转。如何解决栖息地的丧失、偷猎、野生动物的非法贸易以及人与虎之间的冲突，仍然是保护这种美丽的斑纹猫科动物所面临的关键问题。

美丽、优雅和力量使老虎成为世界上最具标志性的野生动物之一，而正是这些特征导致了它处于濒危的状态，这是一个悖论。老虎经常被贴上危险的野兽和吞噬人类的标签，这种看法在很大程度上来自电影和文学作品，老虎面临着人类社会的愤怒。印裔英国传奇作家约瑟夫·鲁德亚德·吉卜林在《丛林之书》中以及吉姆·科贝特在《库蒙的食人兽》中讲述的故事为几代人滋生了负面偏见。老虎通常不会攻击人类，相反，像大多数野生动物一样，老虎会避免与人类有任何接触。攻击只会发生在它们感到威胁或出现了意外情况。然而，当这类情况发生时，后果非常严重：一方面是个体和地区的社会、心理和经济损失；另一方面，当濒临灭绝的动物被打死，基因库的损失也是灾难性的。

老虎是一种孤独的动物，每头老虎都会标记自己的领地。为了生存，它需要空间、安全的栖息地和猎物。老虎在它们的森林生态系统中成功繁殖，母老

浪漫主义的老虎

虎会生下三到四头幼崽，它们会在母亲身边待上 18 个月，然后开始自己的旅程。在这 18 个月中，母亲会向幼崽传授所有必要的生存和狩猎技能，而雄性则不关心幼崽的成长，并与多个母老虎交配。

如今，国家公园的管理者和环保主义者面临的挑战是如何通过森林维持老虎之间的联系，以便有一个健康的遗传基因。虽然老虎的数量在近年来增加了，但它们所居住的森林区域却减少了。2017 年发表的三项关于老虎遗传学的研究揭示了破坏森林走廊对这种大型猫科动物繁殖进程的影响。如果森林砍伐继续持续下去，近亲繁殖、疾病和基因变异将会把物种推向灭绝。

据估计，现在 90% 的老虎被迫生活在它们本应占据的全部栖息地的 10%。换句话说，数字可能是具有欺骗性的，并且可能会很快改变。在印度，超过 30% 的老虎仍然生活在 50 个保护区之外，而且没有应对这种情况的策略。对老虎最大的威胁来自保护区之间碎片化和迅速缩小的走廊；而老虎并不理解人类规划的保护区之间的连接。年轻的老虎没有地方扩张自己的领地，不得不在靠近人类居住区的地方进行长距离的穿越。2019 年，一头三岁的未成年雄性老虎（佩戴着无线电颈圈，标记为 T1C1）为了寻找新的领地，在印度中部持续的 150 天内跋涉了约 1500 千米。

老虎和其他动物因为森林之间缺乏连接而死亡；它们被迫侵犯有数百万人类生活的自然栖息地的边缘领土。

这些都是原本有效的保护措施可能失败的原因，是保护老虎运动的另一面。尽管老虎的数量增加了，但老虎狩猎和生存的空间并没有增加。专家们在制订增加保护区内老虎数量的计划时没有考虑到这么重要的一个方面。因此，问题仍然存在：如果我们人类无法保护现有的老虎，我们如何处理增加的老虎？

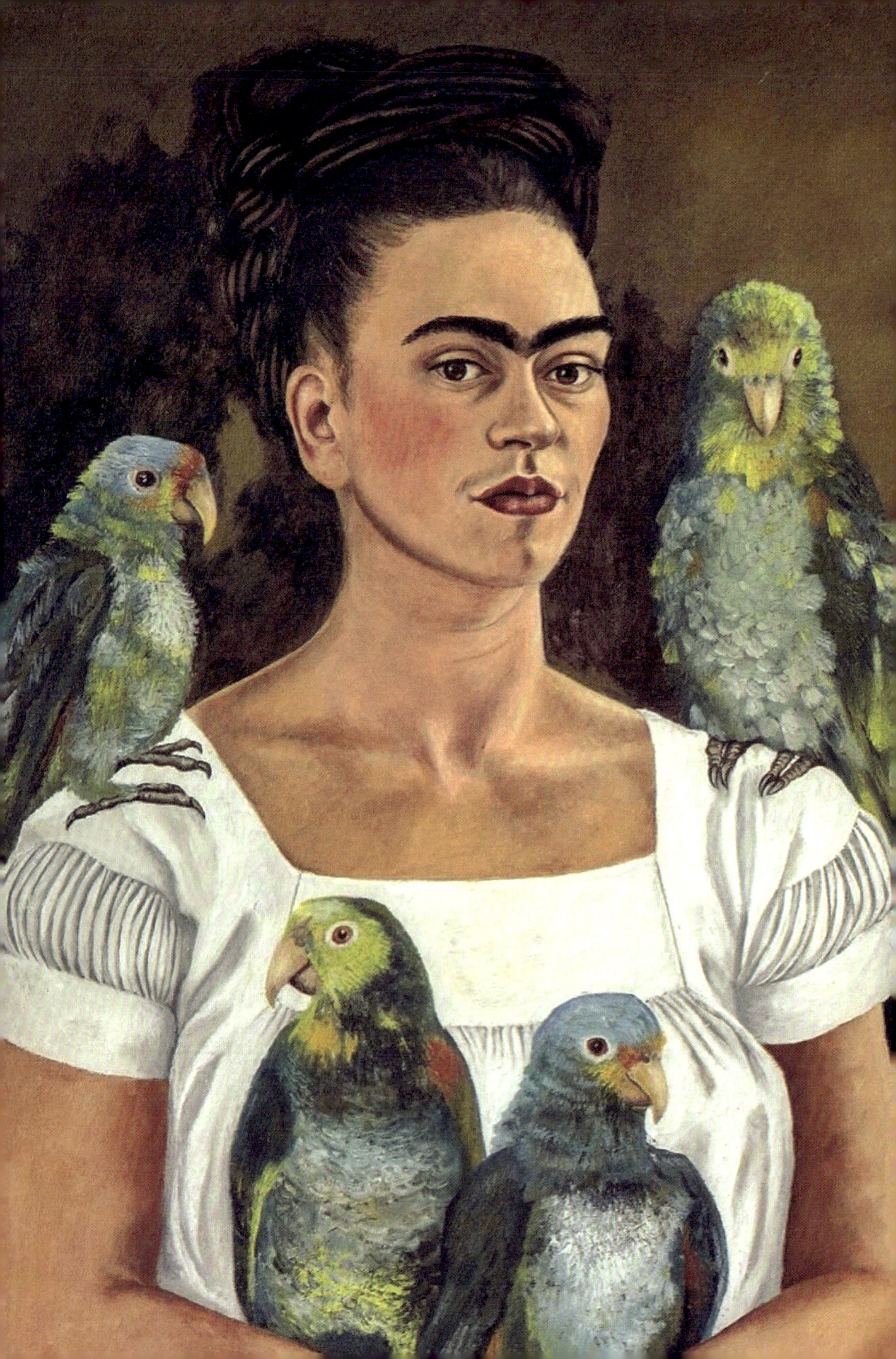

一条围绕在炸弹周围的丝带

········· **相生相伴** ·········
艺术作品中的动物故事

　　坐在图中，双手交叉放在膝盖上，食指和中指之间夹着一支点燃的香烟，目光注视着观众的眼睛，弗里达·卡罗选择了一种传统而又庄严的姿势，在1941年绘制她的自画像；与意大利画家布隆奇诺所绘的《卢克雷齐娅·潘洽蒂吉肖像》或《托莱多的埃莉诺拉肖像》，以及莱昂纳多·达·芬奇的《蒙娜丽莎》、拉斐尔的《披纱女子像》或《抱独角兽的年轻女子》等作品的构图相似，手交叉，姿态也相似。

　　《抱独角兽的年轻女子》中的女子，是一位拥有深蓝色眼睛和丝绸般金色头发的美丽女孩，她抱着一只小独角兽，象征着纯洁的处女之身。有两只大鹦鹉站在她的腿上，另外两只站在她的肩上，她身着一件白色墨西哥风格的有蓬松袖子的"坎昆"式上衣。她的长发被棕色的厚毛线编成辫子，系在头顶上，这是墨西哥中南部原住民常见的发型。①
　　这是两种完全不同的人物形象：拉斐尔的年轻女士，戴着她粗大而精致的红宝石及珍珠的吊坠，是意大利文艺复兴时期优雅、贵族尊严的原型，而弗里达则是野性和明显"异类"的象征：橄榄色的皮肤，浓密的眉毛几乎在鼻梁处相接，明显的毛发环绕着丰唇，似乎也沿着下巴延伸，中指上戴着显眼的戒指，我们也许可以说是"民族风格"。与充满幻想的《抱独角兽的年轻女子》

---

① 正如詹姆斯·奥莱斯所说，定义弗里达外观的所有元素都是文化混合的结果。请参见 http://coleccion.malba.org.ar/autorretrato-con-chango-y-loro/ consultato il 12/12/20.

一条围绕在炸弹周围的丝带

相比，逼真而异国情调的鹦鹉似乎带着一种讽刺意味[1]，它们扮演着守护野生和不可预测的自然角色，就像墨西哥傲慢叛逆、意识形态对立的丛林和森林一样多彩多姿。

这幅自画像实际上是一种对抗：弗里达的每一个美丽元素都在挑战西方女性的形象；她的存在是奇怪的，稍微有些雌雄同体，身体完全被她交叉的手臂所包围，身体笔直而警觉，好像是在保护自己免受那些大鸟的攻击。弗里达手里拿着一支点燃的香烟，旁边还有一只鹦鹉的喙；被浓重的眉毛勾勒出来的眼神强烈到几乎傲慢。这一切是为什么呢？

1941年，弗里达·卡罗绘制这幅画时是34岁，刚刚与迭戈·里维拉于1940年12月再次结婚；这是她第二次婚姻，经历第一次婚姻的灾难后，他们决定再次结婚，原因是"两人都没有办法离开对方生活。他们之间有着深厚的联系，共同热爱墨西哥艺术，拒绝一切平庸，对对方的工作非常关心"[2]。

1931~1941年，匈牙利裔美国摄影师尼古拉斯·穆雷拍摄了一系列非凡的情人肖像，其中包括一张1939年的最具魅力和名气的照片，弗里达·卡罗戴着紫红色的头巾，这张照片深受弗里达的喜爱。她在收到邮寄的照片后写道："我收到了你寄来的美妙照片，它看起来比在纽约时更美。迭戈说它如此美丽，看起来像一幅皮耶罗·德拉·弗朗切斯卡的画作。对我来说，这件事情意义非凡，它是一份珍宝，将永远让我记得我们一起在巴比松广场的餐饮店里共进早餐，然后一起去你的工作室拍照，其中包括这张照片。现在它就在我身边。你将永远留在这件紫红色的披肩里。"

另一张照片中，弗里达·卡罗和摄影师站在画架前，弗里达画着鹦鹉。

---

[1] 鹦鹉实际上是西方绘画中的图像元素，有时作为异国情调的陪衬而出现。早在西班牙塞维利亚的伊西多罗时代，鹦鹉就因模仿人类声音和说"阿维"而闻名。作为异国情调的代表，鹦鹉出现在维托雷·卡尔帕乔绘制的《阳台上的两个女子》中，并保存在威尼斯科雷尔博物馆中。参见塞维利亚的伊西多的《词源学》第十二卷第七章第二十四节，由安杰洛·瓦拉斯特罗·卡纳莱编辑，2006年UTET在意大利都灵出版的第二卷第86~87页。

[2] 请参见海尔格·普里格尼茨-波达的《弗里达·卡罗和迭戈·里维拉》（2014）第30页。

相生相伴
艺术作品中的动物故事

这几乎是一种嵌套的效果，因为她采取了与画作非常相似的姿势，但戴着一条显眼的项链[1]，而摄影师则站在画作的边缘，微微踮起脚尖，从画作的边缘向她投去一个不起眼的眼神。这个表情很严肃，也许带着一丝微妙的悲伤；这个男人没有干涉弗里达和她的形象之间的紧密对话，也没有干涉两个弗里达和摆放在她前面但略微倾斜的镜头之间的对话，以便两个人物"看着"我们，而摄影师则看着她。视角倾斜使空间更加深邃，向我们揭示了弗里达的工作室和住所的环境。

在照片中，可以看到弗里达背后的墙上画着迭戈·里维拉于1931年绘制的仙人掌景观、一些阿兹特克或托尔特克的偶像，以及挂在背景墙上的弗里达自己的可怕画作《几个小刺痕》（1935）。

然而，周围没有任何动物，既没有鹦鹉，也没有弗里达喜欢的其他家养动物：猴子、本土的墨西哥无毛犬，甚至还有一只因为棕色毛皮上有白色斑点而被命名为"Granizo"（冰雹）的小鹿；穆雷曾经拍摄过它和弗里达的合照。弗里达经常与它们一起画像，尤其是与猴子一起，这表明她在它们的陪伴下感到宽慰。弗里达·卡罗对她的宠物的爱也许与一种被无法生育的"母性"温柔有关，这种情况根据她自己的说法，是带给她的痛苦生活中最大的痛苦。

其中一些动物被带到了墨西哥南部，在科约阿坎的圣安吉尔之家中适应得很好。如今，这个地方已经被巨大的墨西哥城吞噬，但在当时，它是一个色彩缤纷的乡村郊区，有着庭院和花园。这些大型鹦鹉中，有一两只亚马孙鹦鹉（黄头鹦鹉）[2]，它们几乎像是神秘的卫兵，守卫着它们的女主人。它们的羽

---

[1] 画作与照片有一些不同：衬衫的领口不那么深，弗里达的手指上没有戴戒指。
[2] 这个物种就像这幅画所展示的那样被广泛地投放在宠物市场，现在被世界自然保护联盟列为"濒危物种"。

一条围绕在炸弹周围的丝带

毛柔软，尽管在某些地方可能因为艺术家不停地吸烟[1]而被损坏，但一些专家说，这些大鹦鹉仍然有着几乎像是纹章一样的姿态。它们的羽毛被精细地描绘出来，用柔和及如蒸汽般的曚昽颜色，与构图的严谨、克制和有意的古典风格形成鲜明对比。弗里达·卡罗没有让动物为她的画作摆姿势，这也几乎是不可能的，考虑到需要强制保持静止的时间，没有任何动物会自愿承受这种情况，除非被强迫或失去知觉；这些画中出现的场景和其他一些场景一样都是基于照片构建的，可能是通过捕捉同一动物的不同姿态来完成的[2]：这是一种精致的拼接，非常戏剧化，就像一场精心设计的戏剧表演。值得一提的是，在弗里达的绘画作品中，鹦鹉的再次出现是在1942年的《带猴子和鹦鹉的自画像》中，这幅画比上一年的作品更加私密和不那么具有挑战性，画面更加局限，视角更加靠近。这幅画可能是关于画家特别喜爱的1941年12月去世的鸟[3]。同样，这幅画也是基于动物的照片和画家在镜子前的"存在"进行的"组合"或"拼贴"。可能是文艺复兴时期的记忆对迭戈·里维拉极为重要，也可能是尼古拉斯·穆雷的摄影构思，以及弗里达·卡罗身穿品红色披肩的照片，促成了这幅自画像[4]中静态到几乎僵硬的构图。这幅画是在弗里达·卡罗已经成为一名成功的全球知名画家的时候完成的，她已经把绘画从一项业余爱好变成了一项职业。她曾被超现实主义领袖安德烈·布勒东称赞过，布勒东在墨西哥与列昂·托洛茨基会面时认识了她。他曾说过："我曾经在墨西哥说过，无论是

---

[1] 萨丽·布兰切特认为："我一直想知道的是为什么弗里达·卡罗在她的画作《我和我的鹦鹉》中的亚马孙鹦鹉似乎有拔羽毛的习惯，这在亚马孙鹦鹉中并不常见，而是在其他鹦鹉类鸟类中更为普遍。这可能与弗里达·卡罗以她的痛苦灵魂和绘画而闻名有关吗？她曾经有过自杀的想法。也许她的鹦鹉吸收了她的能量？她的自画像也显示她在吸烟，她的传记中说她是个烟鬼，所以她的亚马孙鹦鹉可能会因为二手烟和/或尼古丁皮炎而有健康问题。"

[2] 请参见 http://coleccion.malba.org.ar/autorretrato-con-chango-y-loro（2020年12月12日查询）。

[3] 同②。

[4] 毫无疑问，弗里达·卡罗对摄影很感兴趣：她自己是一位业余摄影师，通过她和迭戈·里维拉周围许多朋友的作品密切地关注这种媒介，如蒂娜·莫多蒂、朱利安·列维、吕西安·布洛赫、洛拉和曼努埃尔·阿尔瓦雷斯·布拉沃等人。

相生相伴
艺术作品中的动物故事

在时间还是空间上都没有比这更好的绘画作品。我还要补充，没有比这更具女性特质的艺术了，它能成为最纯粹和最具毁灭性的艺术。弗里达·卡罗的艺术就像是一条围绕在炸弹周围的丝带。"[1]

因此，自画像对于弗里达来说成为一种频繁的、几乎着迷的实践，她在其中展示了她的内心世界及她家中的动物等。鹦鹉有时出现在前哥伦比亚艺术[2]中，也出现在至少另外两幅名画中，弗里达很可能是在美国大都会博物馆见过这些画：古斯塔夫·库尔贝性感而不可思议的《女子和鹦鹉》、爱德华·马奈神秘而吸引人的《带长尾鹦鹉的女士》，这是一场无声的色彩交响曲，难以琢磨而又冷清，就好像《奥林匹亚》和《草地上的午餐》的裸体女子——马奈的模特维多利安·莫涵一样极具讽刺又难以捉摸。

然而，弗里达的自画像是亲密、自然和空间的联合，是身体的相融，涉及目光和色彩。因此，弗里达·卡罗的作品是与欧洲文艺复兴时期的传统肖像画相比：两者都是在表达象征性、标志性、政治性的主张；主张通过家庭存在、个人历史和同时代的身份、文化和性别的认同来传递信息。这是一种相互对立的情感交织：弗里达·卡罗是毫无争议的画面主角，她既是欧洲人又是印第安人[3]，既是客体又是主体，既脆弱又具有攻击性；而鹦鹉则是亚马孙丛林的象征，但实际上被迫接受驯化，成为囚犯和奴隶。

---

[1] 请参见安德烈·布勒东的《超现实主义与绘画——弗里达·卡罗·德·里维拉》（1966）第140页。
[2] 请参见 coleccion.malba.org.ar/autorretrato-con-chango-y-loro（2020年12月14日查询）。
[3] 弗里达·卡罗的父亲是匈牙利裔德国人，母亲是有着印第安人血统的墨西哥人。

弗里达·卡罗，
《和鹦鹉的自画像》

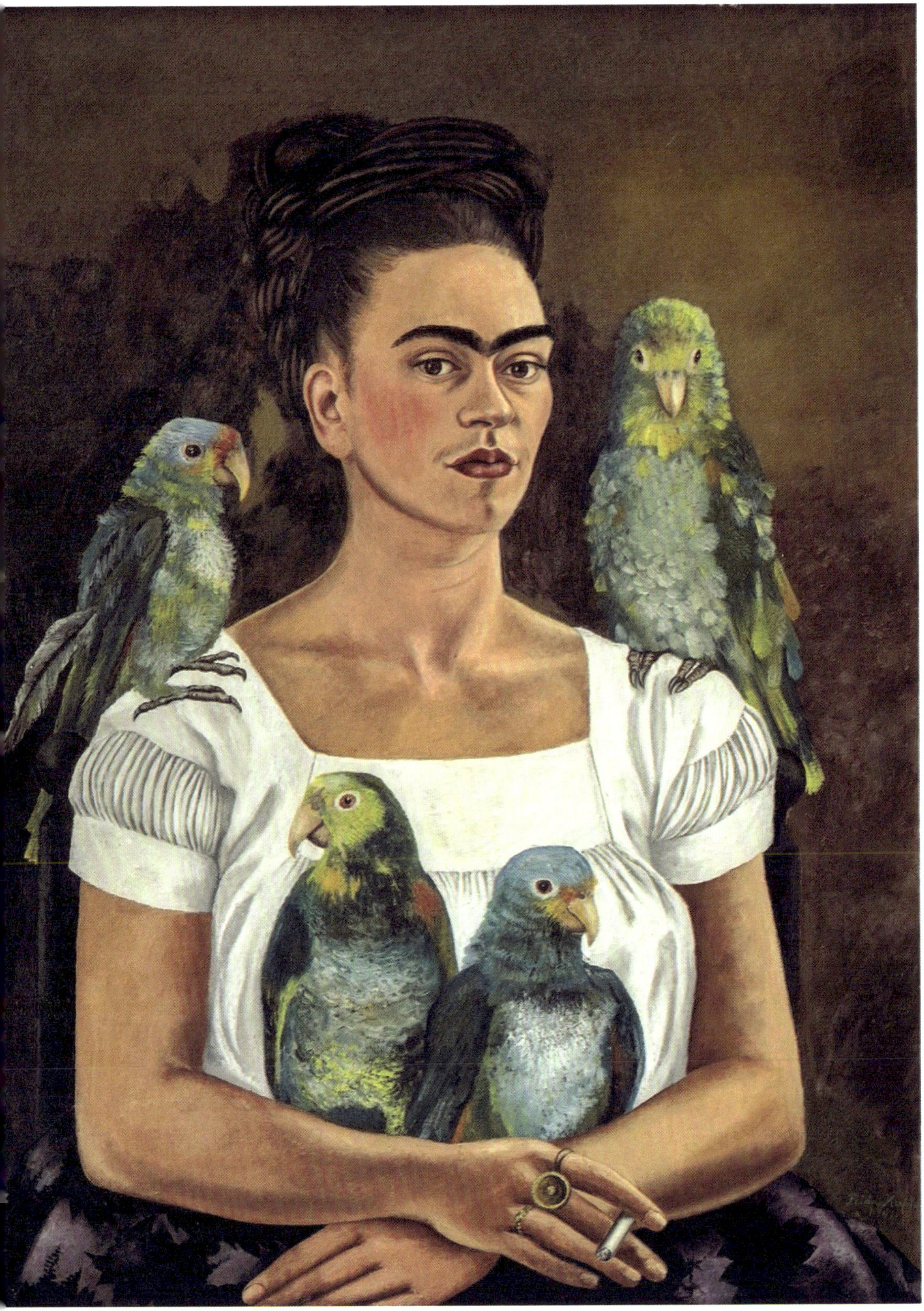

.... 相生相伴 ....
艺术作品中的动物故事

鹦鹉的悲剧

一条围绕在炸弹周围的丝带

人类珍视、追求自由。在地球上，人们无论选择在哪里，都有行动自由、言论自由和生活自由。地球是人类和其他动物共同的家园，然而，对于动物来说，却不一定有这样的自由，比如鸟类。人类对于鸟类的兴趣可以追溯到很久以前，这是因为它们能够飞翔，模仿人类的声音，拥有色彩鲜艳的美丽羽毛。观赏美丽的鸟儿，人类可以在轻松的环境下放松身心获得愉悦，还可以获得一种艺术般的享受。不幸的是，这种兴趣导致了人们习惯将鸟类作为宠物并关在笼子里供人欣赏。每年有数百万只鸟类，特别是鹦鹉，在它们赖以生存的自然栖息地被抓走，关在笼子里供人类欣赏、取乐。

现如今，鹦鹉已成为世界上仅次于狗和猫的第三种备受欢迎的宠物。它通常是绿色的，有着长长的尾巴，十分美丽。许多富有的人特别热衷购买、养护美丽的鹦鹉，比如色彩鲜艳的亚马孙鹦鹉、灰鹦鹉、异色虎皮鹦鹉和凤头鹦鹉等。收藏者的私人鸟舍中还有一些特别珍稀的品种，当初为了得到它们，他们煞费苦心，甚至不惜一切代价。

在体形较大的鹦鹉中，非洲灰鹦鹉有着很好的模仿人类声音的能力，因此在鸟类市场上身价颇高、备受喜爱。一些甚至被训练执行特定的操作，例如巡回马戏团中的凤头鹦鹉。在南亚次大陆，玫瑰环长尾鹦鹉、亚历山大鹦鹉和紫红头鹦鹉都是常见的宠物。在印度的农村和半城市化的地区，这些鹦鹉随处可见，甚至有街头算命者使用鹦鹉进行预测。

鹦鹉的特征是有直立的姿态和弯曲的喙。鹦鹉中体形最大的是已濒临灭绝的一种叫作蓝金刚的鹦鹉，长度达一米，而最小的是约八厘米长的侏儒鹦鹉。

多年来，对野生鹦鹉的捕捉和贸易等行为已经导致许多物种面临生存危机。随着捕捉、猎杀和栖息地碎片化的增加，像苏鲁岛蓝翅鹦鹉、新喀里多尼亚鹦鹉、蓝额鹦鹉、斯皮克斯鹦鹉、马尔赫尔贝鹦鹉和非洲灰鹦鹉这样的物种在自然界中变得非常稀有。2020年4月，世界上最稀有的鹦鹉物种是斯皮克斯鹦鹉（*Cyanopsitta spixii*），在国际自然保护联盟（IUCN）红色名录中被认为"在自然界中已经灭绝"。现在对新喀里多尼亚鹦鹉是否灭绝还有争议。还有几种目前被国际自然保护联盟认为处于极度危险状态的鹦鹉在"争夺"最稀有鹦鹉的称号，但很有可能它们在我们不知情的情况下已经灭绝。

数百万被关在笼子里的鸟儿中，有很大一部分是野生的，尽管《濒危野生动植物种国际贸易公约》（CITES）已经将所有对野生鹦鹉的捕捉和贸易定为非法，但这些非法行为依然存在。显然，这个每年获利超100万美元的鹦鹉国际贸易产业，并没有缩小的迹象。非法获取的鸟类中，有一部分来自茂密的亚马孙雨林。这个被称为"地球之肺"的森林位于全球生物多样性丰富的地区，拥有数百万种物种。亚马孙雨林也是鸟类最多样化的森林之一，大约有1300种鸟类。

日常令人惊叹的景象之一，就是数百只鹦鹉聚集在大河沿岸的黏土崖上，获取矿物质盐，其目的是在茂密的森林中进食后用矿物质盐促进消化。这些鹦鹉有时被称为"彩虹之翼"，它们一生都在交配，生活在联系紧密的具有社会性的群体中。学者们常常对它们的聪明感到惊奇，特别是当它们用声音标记领地或与其他群体成员交流时。然而不幸的是，由于人类的贪婪，如今无论是雨林还是鸟类都面临着危险。

一项由国际鸟类联盟（简称国际鸟盟）[1]进行的研究确认，鹦鹉是最受威胁的鸟类物种之一，所有鹦鹉物种中有56%的数量处于下降状态，其中28%（已知的398种中的111种）被列为国际自然保护联盟红色名录全球濒危物种。鹦鹉面临的灭绝物种的比例比其他任何鸟类都要高。国际鸟盟的研究还指出以下十个国家需要在保护鹦鹉方面给予最高优先级：印度尼西亚、巴西、澳大利亚、哥伦比亚、玻利维亚、厄瓜多尔、秘鲁、巴布亚新几内亚、委内瑞拉和墨西哥。

鹦鹉在热带和亚热带地区历史上曾有少量的分布，但大多数物种作为宠物被带到其他国家，逃脱后会侵占新的栖息地。许多被关在笼子里的鹦鹉在变得难以驾驭后会被放走。即使是驯养的鹦鹉也会咬人，可能造成严重的伤害。由

---

[1] 国际鸟类联盟是一个全球性的非政府组织，致力于保护鸟类及其栖息地。乔治·欧拉、斯图尔特·H.M.布查特、安迪·赛姆斯等在《生物多样性与保护》（2016，第25卷第205～223页）发表的论文《影响鹦鹉灭绝风险的生态和社会经济因素》。

一条围绕在炸弹周围的丝带

于鹦鹉使用它们强大的喙来探索周围环境，它们也可能会损坏各种物品。许多鹦鹉在失去与所有者的信任关系后会受到伤害，有些鹦鹉成功逃脱后，会在引入它们的国家建立繁殖种群。由于无法适应新的陌生环境，每年死亡的鹦鹉更多。

鹦鹉生活在森林生态系统中，森林中古老的树木和它们的树洞为这些美丽的物种提供了适合筑巢的场所。人们可以在印度巴拉特布尔的凯奥拉德奥国家公园的鸟类天堂中观察到这一壮观景象：红色天空下，鸟儿们大规模地在空中盘旋，鹳、白鹭、鹮及其他水鸟产生了种种喧嚣。空中飞翔中的姿态令所有观赏者欣喜不已，鸬鹚和野鸭子在天空中绘出一排排"V"形和"W"形。然而，突然间像箭群一样的鹦鹉群飞过，它们的嘴像箭头一样闪闪发光，俯冲进沼泽和湿地上方的茂密树冠中。一些鹦鹉占据了穿过公园的唯一柏油路两侧的棕榈树空洞，并与偶尔经过的行人玩捉迷藏游戏。它们的叫声可以透露出它们秘密的飞行范围：在喜马拉雅山的森林中，从更高的高度观察它们，它们总是带着一种紧迫感。从高处观察它们，它们像一条带子，在悬崖上静静地飘荡，反射出几乎是荧光的森林橡树和松树的背景。然而，为扩大农业范围而砍伐森林的行为正极大地影响鹦鹉在其分布区的自然繁殖周期。还有些地方甚至将鹦鹉视为有害的寄生虫，并被果农捕捉或杀死，这对鹦鹉来说是一个悲惨的结局。

世界上不存在没有鸟市的城市或地区，不同种类的鹦鹉和其他鸟类被卖给出价最高的人。我们还没有意识到我们对这些动物的不正常热爱已经将它们置于严重危险之中。2021年2月，巴黎市议会宣布逐步关闭每周日举行的著名的路易·勒潘活鸟市场。许多世界各地类似的市场应该效仿这个例子。鹦鹉属于天空，属于翠绿色森林和它们的同类。人类社会越快意识到这一点，不仅对鹦鹉，而且对全球森林领域内的所有异国鸟类都越有益。

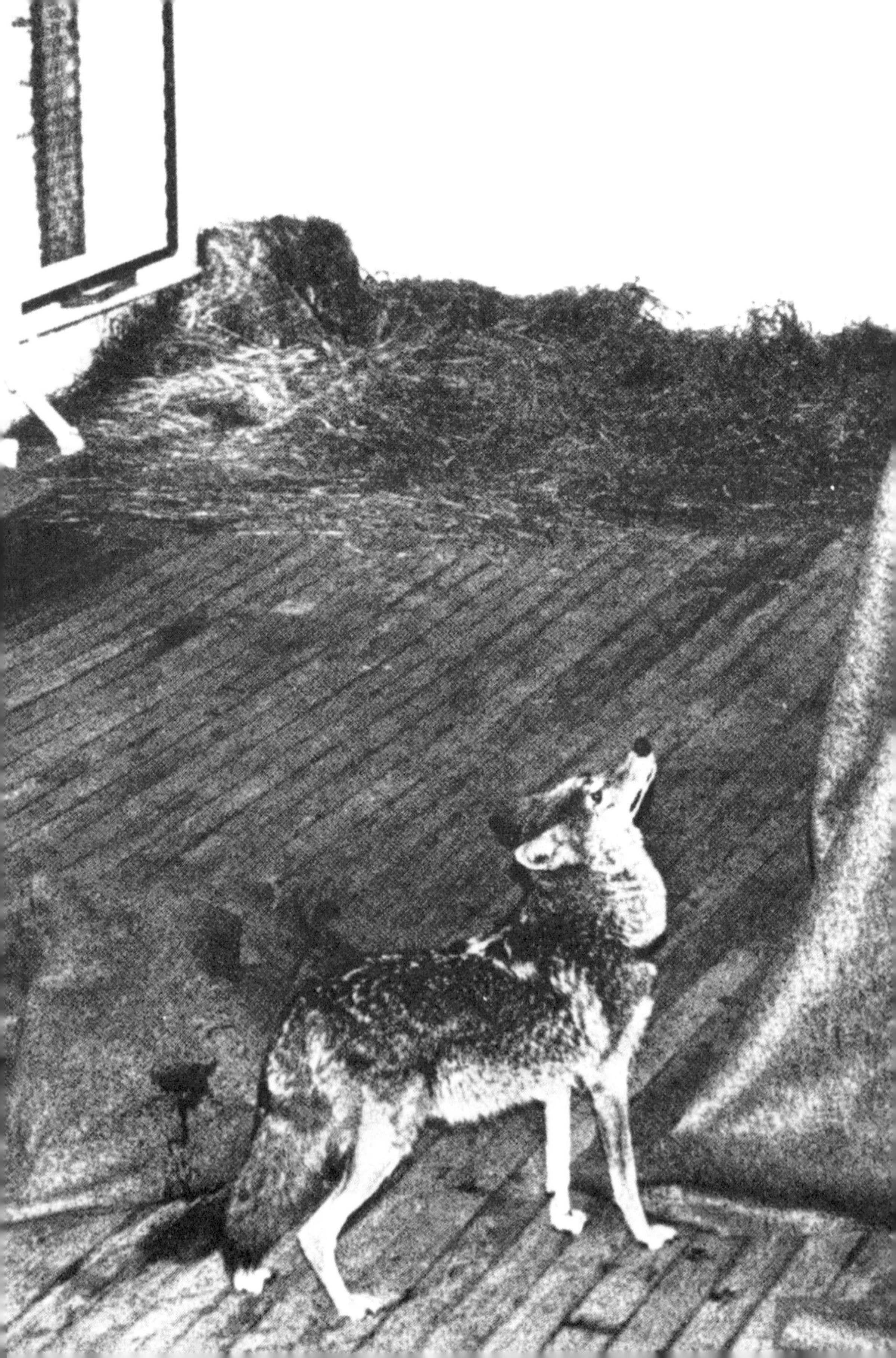

小约翰和毛毡布

相生相伴
艺术作品中的动物故事

　　1974年5月21日，德国艺术家约瑟夫·博伊斯乘坐的班机降落在美国纽约。在纽约肯尼迪机场，他用一块毛毡把自己从头到脚包裹起来，这是他最喜欢的工作材料，就像卡罗琳·蒂斯道尔所形象描述的那样，毛毡是约瑟夫·博伊斯艺术表达词汇中首要的和最重要的物品。[①]

被一块毛毡包裹的约瑟夫·博伊斯与外界隔离，人们看不见他，更感受不到他的温度，他随后被绑在担架上，抬上救护车，就以这样的方式他被送到了位于西百老汇409号的德国勒内·卜洛克画廊，因为该画廊是博伊斯在美国分部举行开幕式的地方——该画廊将要展示约瑟夫·博伊斯的行为艺术"我爱美国，美国爱我"[②]。为此，画廊被改造成了一个类似大笼子的场地，其中一侧设置了网格，以便公众、评论家和工作人员可以观看内部的一切。在该场地内，除了艺术家博伊斯，还有一堆稻草、两个羊毛球、一个电池堆，以及每天更新的50份《华尔街日报》和一只被命名为"小约翰"的郊狼（*Canis latrans*）。

　　博伊斯头戴帽子，手持文明棍（一种有握柄弯曲的棍子），腰间挂着三角铁，与动物进行了一套复杂的互动的攻防舞步，该舞步基于一个循环和固定的模式，节奏、持续时间和移动会根据郊狼的反应而变化。这项活动将在5

[①] 请参见卡罗琳·蒂斯道尔的《约瑟夫·博伊斯，郊狼》（1988/2009）第14页。
[②] 艺术家博伊斯和卜洛克之间的合作早在德国柏林就开始了，卜洛克在1964年开设了一个画廊，推出了新达达主义、流派艺术和新表现主义艺术家，如格哈德·里希特、西格玛·波尔克、南茜·派克和沃尔夫·沃斯特尔。因此，这种默契使得博伊斯能够实现一个将被载入历史的项目。

小·约翰和毛毡布

月21～25日，在画廊的整个开放时间内进行，这成为这位德国艺术家最著名的表演之一，也许是最具代表性的表演。表演综合了博伊斯对自然界的预言性立场，并成为可能恢复或重建失衡的象征——欧亚大陆和美洲之间，欧洲移民和印第安人之间，现代文明和古老文明之间，这其中还贯穿着最初的暴力和对当地居民的种族灭绝所产生的创伤。在活动结束后，博伊斯与郊狼告别，继续被包裹在毡子里，被救护车送回机场。实际上除了画廊以外，他没有踏上美国的土地，也没有与任何人或物进行"互动"，除了那只动物（郊狼）。

这场活动被拍成了一部电影[1]和一组由卡洛琳·蒂斯达尔拍摄的著名黑白系列照片，她也是这个主题[2]的主要批评文章的作者之一。这些美丽而有强烈冲突的照片捕捉到了约瑟夫·博伊斯和郊狼被迫共同生活的无数个时刻；一些很亲密，比如一张捕捉到他们一起看着窗外的照片；另一些则非常令人不安，比如郊狼袭击被包裹在毡子里的博伊斯，毡子被拉扯和撕裂；或者那张博伊斯和郊狼互换角色的标志性照片——郊狼躺在毡子上，而博伊斯则睡在草堆上了。

"我爱美国，美国爱我"在激进方面，标志着艺术与自然关系的转折点：消除了外部观察者及其所谓的超然态度，消除了文化和心理空间的必然视角选择，这种选择完全由艺术家决定，就像"代表"一个生命主体（甚至是任何主体），博伊斯将自己定性为能与自然界和他所认可的力量进行沟通的人。事实上，郊狼之所以被选中，不仅因为它是北美特有的动物，而且还因为普韦布洛印第安人（美洲原始居民，居于美国亚利桑那州和新墨西哥州，译者注）赋予了它象征意义和神奇魔力：在原住民神话和中美洲的神话中，郊狼是"变化"的守护者，是一种能够改变外貌，像一只手套一样翻转进身体，甚至在必要时

---

[1] 线上资源感谢巴萨诺德尔格拉帕的博诺托基金会，https://www.fondazionebonotto.org/en/collection/poetry/beuysjoseph/video/7881.html.

[2] 请参见卡洛琳·蒂斯达尔的《约瑟夫·博伊斯，郊狼》(1988)。

能够变成人形的特殊存在。作为一种机会主义者，郊狼在原始居民的宇宙观中占据着极高的地位，被视为聪明、适应性强、带来进步的精灵。郊狼在阿兹特克人和玛雅人也将郊狼视为图腾和神话角色。

然而，随着欧洲移民的到来和占领，情况发生了变化：赞赏变成了蔑视，尊重变成了屠杀。郊狼的命运与美洲原始居民并没有太大的区别，正因如此，这种动物在博伊斯的眼中变得很重要，甚至是必不可少的。与他一起囚禁，没有与美国和纽约的"其他"世界有任何联系，意味着博伊斯将郊狼作为唯一可能的对话主体，进行治疗性的"交流"，目的是"治愈创伤"并恢复创造力的潜力，达到影响社会发展的民主和方向的自由。然而，为了实现这一点，博伊斯也必须改变，这也就是他团队的灵魂[1]——"公平与自由"。卡罗琳·蒂斯达尔写道："这是一种进化，是对人类能够走出当前源于西方的实证主义、唯物主义和机械主义思想的信仰危机，并向更高阶段演化的信仰。"[2] 根据博伊斯的说法，美国有一种"排除"郊狼的本土生态和文化，博伊斯认为这是一种"病"，病因应该归结于——美国是建立在对原住民文化的毁灭和种族灭绝的行径之上："我想我已经触及整个美国内在的神经中枢：美国的移民与印第安人的冲突创伤、欧洲移民与原住民的冲突创伤。"[3] 为了"治愈"这种疾病，有必要恢复郊狼的生态和文化，尊重郊狼并让它所代表的文化和传统重新融入社会。只有这样，才会产生新的能量，让之前已经停滞不前的思想认识再次获得提高，从而改变美国社会历史的进程，以至改变整个世界的进程。

因此，博伊斯在1966年成立了一个政党——"动物党"，并在前一年进行了另一次著名而具有戏剧性的表演——"如何向一只死兔解释绘画"；为了向公众展示这个主题，他把自己与郊狼关在了同一间房子里。正如前文所述，这

---

[1] 请参见卡洛琳·蒂斯达尔的《约瑟夫·博伊斯，郊狼》（1988）第14页。
[2] 同[1]，第8页。
[3] 同[1]，第10页。

小·约翰和毛毡布

个仪式是复杂的：艺术家完全地包裹在毡子里，只有棍子的顶端在他的头上露出，为了适应郊狼的动作博伊斯需要缓慢地移动，当郊狼蹲下时艺术家跪下，当动物躺下时艺术家也躺下。艺术家和郊狼的互动有时是强烈的、不信任的、暴力的；有时是欢快的；有时是静止的和专注的。郊狼有时还会撕裂毡布，撕碎报纸，咬住木棍；郊狼有时还会在出现的物品上撒尿做"标记"；有时也会嚎叫。在一个循环和另一个循环之间，博伊斯脱下他的毡布，把他的皮手套给郊狼玩，敲三次腰带上的三角铁来获得清脆的声音，然后让震耳欲聋的声响传播开来，接下来艺术家会坐下来吸一支香烟；然后重新开始。在这些日子里，郊狼可预见地习惯了博伊斯和他的存在；两者之间恐惧并不是主导，而主要是一种敏感的共情，影响着行动模式的节奏。博伊斯在确定剧本时试图以合作演员的身份参与其中，他不咄咄逼人，而是以特殊的方式行动。简言之，博伊斯想要成为克服物种间障碍的桥梁，让郊狼所代表的原始的、重要的、非语言的本土文化融入美国现代文化。

"我爱美国，美国爱我"是一项触动人心的行为艺术，尤其是在重新思考近50年来其他无数次错失改变经济和生态平衡、可持续性发展、文化和自然之间关系的机会方面。这是触动人心的，因为中间包含一只活生生的动物，不像被杀死的野兔，也不像1968年意大利概念艺术家雅尼斯·库奈里斯在罗马阿提库斯展出的被捆绑的马。相反，人和动物处于大致平等的地位。约瑟夫·博伊斯特别注重表现"……人类的普遍性：与金融日报《华尔街日报》形成了绝对的对比，后者毫不含糊地体现了资本思维的僵化，一个我们所处时代的典型症状……但也是美国的一个方面。更重要的是，金钱和经济的内在缺陷导致了一种简化和僵持，认为存在的唯一目的是生产物质财富……这是序列的结束；但是，由于这是一个循环序列，可以说它既是结束也是开始"[①]。

如何能不感到兴奋呢？事实上，许多人这样做了，他们评论、重复、喜

---

① 请参见卡洛琳·蒂斯达尔的《约瑟夫·博伊斯，郊狼》（1988）第16页。

······· 相生相伴 ·······
艺术作品中的动物故事

欢博伊斯的表演，自然地认为他的逻辑和神秘主义及他的信念和慷慨的牺牲是正确的。但是……郊狼呢？整个舞台行动的重要合作者怎么样了？当时提出这个问题可能没有意义，因为没有这样的文化背景。然而，今天，我们不仅有理由而且有必要指出，我们对小约翰几乎一无所知，它来自哪里？它几岁？在勒内·卜洛克的意外展览壮举后，它的境遇如何？同样重要的是，人们对博伊斯的作品反响不一，只是在最近才得到"纠正"。在那些质疑他的少数人中，伊莲娜·帕塞莱洛①因为对这只动物只掌握到少量的信息而感到沮丧。"我们对小约翰知道最多的是一个注释，据称它是一只'野生'的郊狼，但是看到它洁净的外表和温顺的性格，这很难令人相信。一些关于'我爱美国，美国爱我'的文章提到了它在行动/表演之前生活的地方，但这些信息是相互矛盾的。"②

这只因照片而出名的郊狼，尽管被带进了将它囚禁五天的房间，并表现得有点疯狂和有点幼稚，但它并不是在野外长大的，而是在圈养中出生，并习惯于人类的存在；卡洛琳·蒂斯达尔说，郊狼小约翰来自美国新泽西的一个牧场，然而在当时的年月，小郊狼的存在非常罕见。就像在博伊斯身边一样，神话掩盖并混淆了细节。然而，非常有必要了解更多有关郊狼小约翰的信息并继续讨论它，"我坚持认为我们必须了解这种动物的历史，来验证其真伪，因为历史叙述的概念显然是人类所为。动物不需要成为人类记录的样子。然而，了解一个生物在地球上的细节有助于我们更好地认识它们：我们把动物放在它自己现实的中心。通过将它拟人化，或者与人类相比较，我们可以更加客观地认识它。"但是，小约翰——这只与美国艺术家安迪·沃霍尔同时代的郊狼，对20世纪70年代概念艺术场景做出令人回味的贡献，我们所知道的只是他在这座城市中扮演它自己，但没有被视为它自己。它只被视为郊狼，一个符号，一

---

① 请参见伊莲娜·帕塞莱洛的《起源故事》（2017），网址：www.theparisreview.org/blog/2017/03/16/origin-story/?fbclid=IwAR1BZpxjGo4BHYaJmTwd2oLbd_v2jMJ5BVrP7_qTGAyONfQdtlxaucdvKqo.
② 同①。

种用隐喻包裹人类的方法[1]。

  就像对待每只野生的郊狼一样，将权利归还给小约翰，让它有权利存在于隐喻之外；平等对待小约翰也意味着对它的兴趣，超过了它作为20世纪70年代最具象征性和魅力的表演之一的工具的兴趣。还意味着小约翰不仅仅是作为一个标志，而是作为一个被保护生命和未来而存在。博伊斯凭借其强大的魅力唤起的对生态平衡的强烈共鸣，可以真正激励人类制订如今已最紧迫的计划和进行变革的内在动力。[2]

---

[1] 请参见伊莲娜·帕塞莱洛的《起源故事》(2017)。
[2] 就像希拉·沃尔夫所写那样："博伊斯与野生小狼的交流深刻感人，是一件人们可以继续学习并从中寻求答案和灵感的艺术作品。看来，人类和动物的基本交流亟待复兴。"

如何疗愈创伤
——精神分析学家乔瓦尼·卡斯塔迪

  仪式有保存记忆的庆祝功能，每次都会不断重现曾发生过的现实事件，其在隐喻、制度传承或戏剧的沟通层面上，会使历史事件中产生的喜悦或恐惧再次发生。

  这个仪式让我们重新体验了曾经过往的所有快乐时刻，这也是我们庆祝生日和纪念日的原因。同时，这个仪式也涉及人类在遭遇严重、致命危险时所采取的解决方法和防御措施。

  仪式的核心在于针对特定目标的行动，旨在平息古代文明中与自然灾害防御或干旱所引发的相关问题。组织仪式是为了找到具体解决方案。在宗教中，其目的是重新创造一个象征性的宇宙，在我们的灵魂中产生情感共鸣。然而有时可以成功，有时却失败。

  有些仪式被视为对患者有益的针对常见病症的仪式，可以帮助他们抵御焦虑；这些仪式代替了药物。

  博伊斯的仪式有缓解罪恶感的作用，因为美国的移民对印第安人进行了种族灭绝。这与德国前总理维利·勃兰特的姿态具有相同的意义，他在华沙犹太区跪下，象征着对犹太人民遭受的种族灭绝的真实感怀。郊狼代表神圣图腾，是活着的纪念碑。

  博伊斯通过郊狼与神灵对话，勃兰特则跪在神圣的纪念碑前，来表达他们各自的情感。

  如果不是神经症状的真正创伤，是会影响灵魂的。它可以被解决，但不能完全疗愈，因为一旦经历过创伤，它会留下伤疤：这是一件严重的事情，它侵入一个人的生活，重创他，折磨他，什么都变得和以前不一样。我们可以控制和抑制我们生命中遇到的，我们认为是创伤的严重外部事件，但这一切都取决于我们的心理状态。

  一次创伤事件可能会激发一个人重新考虑他正在经历的生活坐标。从创伤中总有东西可以学习，克服创伤并不意味着不再有痛苦或情感震荡，而是创伤被限定在一定范围内，不再有不良后果，不再是一个人所有的情感指向。一旦处理完毕，虽仍会有痛苦的共鸣，但创伤将不再影响未来。

  心理创伤就像身体上的伤口一样。一旦愈合，伤口就会消失，只留下疤痕作为记忆。如果身体上充满了疤痕，那么它一定经历了很多痛苦，身体也会因此受到影响。同时，多次重复的心理创伤有时会导致个体对生活的绝望，一种妥协、一种疲惫感，这使得个体难以想象自己的生活真的会发生变化。有一种不良的想法潜藏在心中，内心中会发出妥协的声音——"现在太晚了，我没有力气了，我感到虚弱、疲倦、气馁"。

  生命中的巨大痛苦可以让一个人放下武器，闭门不出，沉浸在自己的世界中，与外部现实隔绝。

  与郊狼、图腾动物和神圣秩序的和解，意味着找到一种对抗罪恶感的方法，给焦虑和恐惧以形式，对身份不稳定化进行稳定，意味着重新建立符号坐标系，进而重构每个人都在其中有定位和存在的心理地图。

  对于约瑟夫·博伊斯来说，成立一个动物党，可能就是通过自然界中动物的祭司角色，来表达神圣、图腾和神话的意义，从而来为它们发声。

相生相伴
艺术作品中的动物故事

约瑟夫·博伊斯,
"我爱美国,美国爱我"

小·约翰和毛毡布

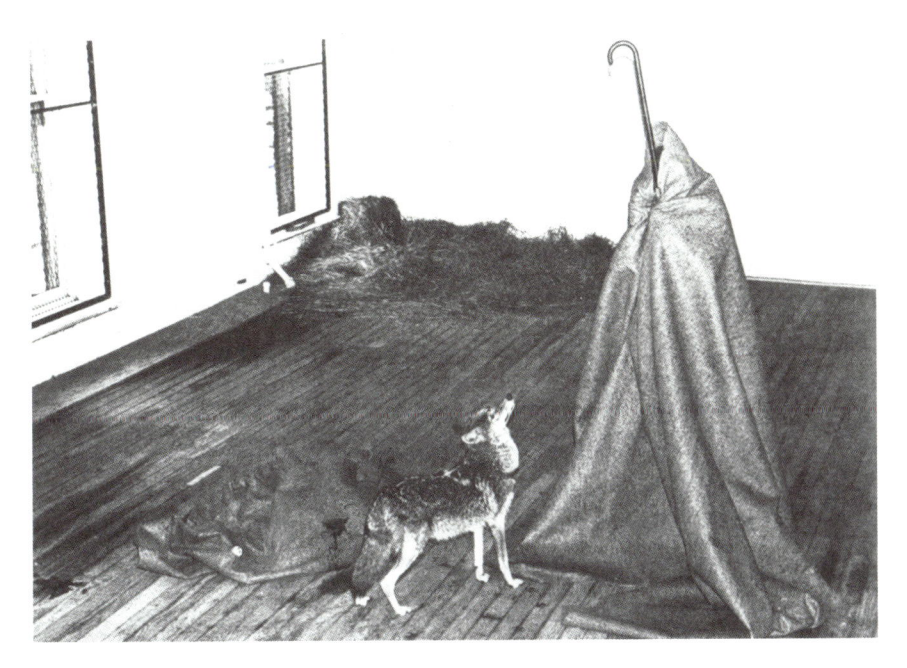

相生相伴
艺术作品中的动物故事

郊狼
——适应性的代表

19 世纪中叶,人们都说旅鸽是北美洲最常见的鸟类。有故事说,大群的旅鸽飞行时会遮天蔽日。然而在 20 世纪初,无节制的猎杀仅仅在 50 年内就灭绝了整个旅鸽种群。在北美洲,灰狼和郊狼这两个物种都遭受了人类的破坏。它们不但都幸存了下来,而且郊狼种群甚至出乎意料地繁荣起来了。

几个世纪以来,自欧洲殖民者开始在北美大陆定居,狼（Canis lupus）这

小·约翰和毛毡布

一曾经最为普遍的物种被系统地消灭：它们被杀死、被困或者被折磨致死。狼被认为对早期殖民者的生命和生计构成了直接威胁。它们对于与畜牧业相关的经济增长构成了威胁。大规模的狩猎使得狼的数量从数百万只降至几百只，直到美国出台保护野生动物的法律以拯救濒危物种。此外，早期殖民者并没有区分狼和郊狼，后者通常也被称为"草原狼"，它类似于欧亚大陆的金豺狗，有时也被称为美洲豺狼。所有的郊狼物种都是杂食动物：它不像灰狼那样是一种专门的食肉动物，这可以从它的颚骨结构和较小的犬齿中看出。

科学家托马斯·赛伊于1819年9月首次对郊狼（Canis latrans）进行了科学描述。它是北美洲特有的物种，比灰狼小，耳朵更长，嘴巴更细，尾巴末端有黑色的毛。Coyote（意大利语，意为狼，编者注）来自西班牙语"coyotl"，源自阿兹特克语"nahuatl"。它被称为"叫的狗"或"唱歌的狗"，是因为它可以用很多不同的声音来表达：研究人员已经记录至少11种不同的郊狼之间的交流方式。

一只成年的雄性郊狼大约有45厘米高，1.2米长，而灰狼则高76厘米，长1.5~1.8米。然而，它的大小、长度或重量因其广泛的生存区域而有所不同。已被记录在案的最大个体是一只1937年11月被枪杀于美国怀俄明州的雄性郊狼——身长1.5米，重约34千克。2010年12月，密苏里州卡罗尔县的一名猎人开枪打死了一只重达47千克的大型雄性郊狼。

郊狼除个头大小介于狼和狐狸之间以外，现场识别的一个关键特征是在郊狼奔跑时，与狼的尾巴保持水平位置不同，郊狼尾巴保持向下。郊狼身体毛发的颜色是沙色，带有黑色、灰色和白色的色调（尤其是喉咙和腹部），但是在北部和南部的种群中，图案还有所不同。

在自然界中，狼和郊狼从来就不和睦，相反，它们一直是死敌。这也是18世纪时郊狼没能在美国扎根的原因之一，当时的狼在美国的荒野上自由散步。郊狼的分布范围主要局限在北美西部平原，但郊狼逐渐征服了整个大陆狼的领地，狼尽管在19世纪和20世纪受到迫害，但没有消失。

总部位于北加州的非营利组织，想

相生相伴
艺术作品中的动物故事

通过改变人们对食肉动物的负面态度来促进和谐共处,以保护郊狼。该组织认为,郊狼是北美洲最受迫害、最不被理解和最被利用的本土食肉动物。与旅鸽不同,郊狼超越了所有预期,它没有被灭绝。越受迫害,它的恢复就越好,可以说没有其他食肉动物种类像它一样遭受过如此破坏性的残酷迫害。根据来自美国各州的不同数据,每年有40万~50万只郊狼被杀死。尽管遭到大规模的打击,郊狼种群仍在茁壮成长,扩张和适应新的领土。根据研究这种物种的野生动物学家的说法,人类越是试图压制郊狼的种群,它们就越是繁殖和重新占领土地:这是自然界中巨大的韧性的表现。尽管在90年代中期,在标志性的黄石国家公园重新引入狼对郊狼的种群数量产生了负面影响:郊狼的数量显著减少,而狼则重新夺回了失去的领土。

作为草原生态系统的一部分,郊狼适应了极端的温度,从沙漠到山区都能生存。它们在任何有食物的地方都会出没,捕猎啮齿动物、鸟类、爬行动物;它们也吃腐肉、各种水果和蔬菜。研究人员设置的照相陷阱显示出郊狼有一种新的捕猎行为:经常与獾联手捕捉猎物。

如今,在纽约、芝加哥或任何美国的大都市都可能会看到郊狼;它是最普遍且适应人类开发和迫害的野生动物,已经遍布北美洲:从美国阿拉斯加州和加拿大新斯科舍省的冰天雪地到美国佛罗里达州、墨西哥和中美洲的其他地区。该物种是千年以来在横跨巴拿马地峡的"大迁徙"中首次被记录到的物种,向南美洲的哥伦比亚移动。[1]

由于人类的行为,郊狼种群的社会和行为组织在多年间发生了显著变化。在人类占主导地位的栖息地中,郊狼在白天比在其他地方保持谨慎,夜间经常出没。这种动物极其聪明还善于社交,它们适应了根据情况独居、成对、群居或小型家庭群体的生活方式;据说它们也是一夫一妻制的。根据研究人员的观察,这种物种在美国的城市内外似乎都能很好地生存,因为郊狼可以以大量老鼠为食,所以郊狼在城市比在农村地区

---

[1] 请参见艾莉森·W.霍迪、里卡多·莫雷诺、尼诺·F.V.迈耶等的《犬科动物碰撞:扩张的郊狼和食蟹狐的相遇》,刊于《巴拿马哺乳动物学杂志》2019年第100卷第6期。

小·约翰和毛毡布

更多。

对于研究生物进化的生物学家来说，郊狼是一个令人着迷的研究对象，直至今日人类已经发现了惊人的19个亚种。郊狼通过与南部红狼、加拿大东部狼和其他残存的狼群杂交，演化并产生了新物种，研究人员称为"科伊狼（coywolf）"。它们还与家犬交配，演化成了"科伊狗（coydog）"。现在的有趣研究还表明，红狼和东部狼都不过是郊狼和灰狼的杂交品种。[①]

郊狼的进化历史非常有趣：这种动物本身在美洲原住民历史中是一种文化象征和图腾。不同的部落有不同的传说，但无论在哪种传说中郊狼的身份都是多变的，据说在距今一万年前，它象征着好运或厄运：作为狡猾的骗子、英雄或恶棍，它的角色与它在美国现代生活中的多样化风格一样多变。在与这个物种相关的无数传说和故事中，郊狼在纳瓦霍族的原住民神话中占据着特殊的地位，尤其在创世神话[②]中备受崇敬。纳瓦霍族是美国第二大原住民部落，分布在犹他州、新墨西哥州和亚利桑那州。其他情况还包括美国加利福尼亚州的原住民波莫人，他们有专门的郊狼舞，而新墨西哥州的普韦布洛人、亚利桑那州的莫哈维人和其他许多部落的原住民都认为郊狼是"氏族的动物"。郊狼的进化可以追溯到更新世，即258万～1.17万年前的最后一个冰期。冰河时代的郊狼（*Canis latrans orcutti*）是一种比现代同类动物更大、更单一的食肉动物。还有另外两个孤立的郊狼的亚种：*Canis latrans harriscrook* 和 *Canis latrans riviveronis*。然而，随着气候和生物变化，大型猎物变得稀少或灭绝，郊狼这种物种在数千年间体形不断缩小。现在，随着科学的进步，基因组学提供了更令人称奇的信息。DNA研究明确了所有狼和郊狼在1.17万～6000年前存在共同祖先，这就是为什么这两个物种的DNA具有一定的相似性。虽然美国的阿拉斯加州、加利

[①] 请参见布里奇特·M.冯霍特、詹姆斯·A.卡希尔、范振鑫（音译）等人的《全基因组序列分析表明，北美两种特有的狼是郊狼和灰狼的杂交品》（DOI：10.1126/sciadv.1501714），刊于《科学进展》2016年第2卷第7期。

[②] 请参见盖伊·H.库珀的《纳瓦霍宗教和宇宙论中的郊狼》，刊于《加拿大原住民研究期刊》1987年第Ⅶ卷第2期。

相生相伴
艺术作品中的动物故事

福尼亚州、亚拉巴马州,以及加拿大魁北克省的郊狼几乎没有狼的血统,但美国密苏里州、伊利诺伊州和佛罗里达州的郊狼具有5%～10%的狼的血统[①]。更令人惊讶的是,根据这项研究,墨西哥的一只郊狼被认为是血统最纯正的个体。

  当今,人类面临着第六次物种大灭绝,野生动物数量在过去50年中消失了60%以上,但郊狼顽强地生存下来。根据达尔文的进化论,郊狼的物种分化是一个值得注意的例子。

---

① 请参见米克尔-霍尔格·S.辛丁、希亚姆·戈帕拉克里希南、菲利普·G.维埃拉等人的《北美灰狼和类狼科动物的种群基因组学研究发现》,刊于《公共科学图书馆遗传学期刊》2018年第14卷第11期（https://journals.plos.org/plosgenetics/article?id=10.1371/journal.pgen.1007745）。

图片说明

第 10 页和第 17 页

四世纪的艺术品《约拿被鲸吞》的马赛克。

阿奎莱亚大教堂

© 2021．相机照片／斯卡拉，佛罗伦萨

第 15 页

15 世纪法国学派的作品《约拿和鲸鱼》。法国巴黎医学院图书馆 Ms H folio 111r。

© 布里奇曼图像

第 18 页

查尔斯·德萨林·多尔比尼编的《博物学通识词典》：概括和补充了早期科学词典，百科全书，由布丰的《全集》所呈现的所有事实，并提供了各种自然科学分支的最佳专业著作所呈现的所有事实，提供自然界生物和各种现象的描述、科学名称的词源和定义，以及有机和无机物质在农业、医学、工业等方面的主要应用。1841 年勒纳尔、马蒂诺和西埃先生在巴黎出版，图集：t.1（动物学－人类、哺乳动物和鸟类）（1849 年）。哺乳动物：第 7（副本）、第 25、第 8（副本）、第 8、第 9B、第 9D、第 14、第 23 版；鸟类：第 5A 版。

保存机构：NCSU 图书馆（archive.org）。

赞助方：NCSU 图书馆。

第 22 页、第 28 页和第 29 页

乔托（乔托·迪·邦多纳），《狮子和它的幼崽》，约 1305 年，

图片说明

壁画，斯克罗韦尼教堂，帕多瓦

© 布里奇曼图像

第 30 页

托马斯·兰西尔的《狮子、老虎、黑豹、豹子、狗等的雕刻》，主要根据爱德华·兰西尔爵士的设计，1853 年 H.G. 波恩在伦敦出版，第 4 版、第 7 版、第 10 版。www.biodiversitylibrary.org/item/73241

所属机构：多伦多大学 – 罗巴茨图书馆

赞助商：MSN

第 36 页和第 43 页

乔瓦尼诺·德·格拉西，14 世纪绘画《豹子、独角兽和棕熊》。收藏于安杰洛·迈市民图书馆，贝加莫

© 2021 马里奥·博诺托 / 斯卡拉摄影，佛罗伦萨

第 44 页

罗伯特·休什，《动物王国的奇妙之处：展示了这个国家各种动物园中最著名的野生动物的描绘》，1830 年 T. 凯利在伦敦出版，第 57 页。www.biodiversitylibrary.org/item/124936

收藏机构：史密森尼图书馆

赞助商：生物多样性遗产图书馆

第 48 页和第 54～55 页

皮耶罗·迪·科西莫，《火神和风神》，约 1490 年，油画，155.5 厘米 × 166.5 厘米。收藏于加拿大渥太华国家美术馆

© 布里奇曼图像

第 56 页

查尔斯·德萨林·多尔比尼

编的《词典……》（引用作品）

第 62 页和第 73 页

莱昂纳多·达·芬奇，《抱银貂的女子》，1488～1490年，油画，54厘米×40厘米。克拉科夫查尔托里斯基博物馆收藏

© 克拉科夫国家博物馆实验室库存

编号：MNKMKCz XII-209

第 70 页

莱昂纳多·达·芬奇，《貂的寓意：纯洁的象征》，约1494年，棕色墨水钢笔和黑色粉笔在纸上作画，直径91毫米。剑桥菲茨威廉博物馆

© 剑桥菲茨威廉博物馆

第 74 页

阿奇博尔德·索本，《英国哺乳动物》，1920～1921年朗文出版社在伦敦出版。第21、22页，有精美的插图。该书的数字化版本可在 www.biodiversitylibrary.org/item/188546 上找到。该数字化版本由菲尔德自然博物馆图书馆提供，并得到 BHL-SILFEDLINK 的赞助。

第 78 页和第 84～85 页

阿尔布雷希特·丢勒，《犀牛》，1515年，木版画，23.5厘米×29.8厘米。收藏于美国华盛顿特区国家美术馆。

© 布里奇曼图像

第 83 页

阿尔布雷希特·丢勒，《犀牛》，1515年，这是一幅27.4×42厘米的钢笔画作品，收藏于伦敦大英博物馆，编号：SL, 5218.161

图片说明

©2021.大英博物馆的受托公司/斯卡拉，O，佛罗伦萨

第86页

查尔斯·德萨林·多尔比尼编的《词典……》（引用作品）

第90页和第98～99页

朱利奥·罗马诺，《为丘比特和普赛克的婚礼准备的众神宴会》，1526～1528年，壁画，963厘米×378厘米。收藏于意大利曼托瓦的得特宫。

©拉斐尔·本奇尼/布里奇曼图像

第94页

拉斐尔，大象安诺内，1514～1516年，钢笔画，27.8厘米×28.5厘米。库珀斯蒂希卡宾特－德国柏林国立博物馆，编号：KdZ 17949；照片：乔格·P.安德斯

©2021.斯卡拉照片，佛罗伦萨/bpk，德国柏林的艺术、文化和历史图片代理商。

第100页

查尔斯·德萨林·多比尼编的《词典……》（引用作品）

第104页和第111页

乌斯塔德·曼苏尔、纳迪尔·乌尔·阿斯尔、穆罕默德·巴基尔，《渡渡鸟和印度当地的鸟类》，莫卧儿和伊斯法罕学派，17和18世纪，15.3厘米×26厘米。

伊玛德·哈桑尼，《圣彼得堡穆拉卡》。16至18世纪的印度和波斯小型画册和波斯书法样本，第80页，收藏于俄罗斯科学院东方手稿研究所

©俄罗斯科学院东方手稿研究所；编号：E-14

第112页

休·爱德华·斯特里克兰德和亚历山大·戈登·梅尔维尔合著《渡渡鸟及其近亲：毛里求斯、罗德里格斯和波旁岛灭绝鸟类的历史、亲缘关系和骨骼学》，1848年利夫、贝纳姆和里夫出版社出版在伦敦出版。www.biodiversitylibrary.org/item/206768

该书收藏于麦吉尔大学图书馆。

第116页和第123页

葛饰北斋，《雪松与鹤》，约1834年，木版画，纸张，51.9厘米×23.3厘米。收藏于美国明尼阿波利斯艺术博物馆。

©明尼阿波利斯艺术博物馆／理查德·P.盖尔遗赠／布里奇曼图片

第124页

弗朗斯·恩斯特·布劳，《鹤类专题》，1897年E.J.布里尔在莱顿出版，图版Ⅲ、图版ⅩⅢ，www.biodiversitylibrary.org/item/250299

收藏机构：史密森尼图书馆

赞助方：生物多样性遗产图书馆

第130页和第138~139页

欧仁·德拉克洛瓦，《嬉戏中的母虎和与幼虎》，收藏于法国巴黎的卢浮宫。

©布里奇曼图像

第137页

弗朗西斯科·哈耶兹，《笼子里的狮子和老虎与画家的肖像》约1830年，油画布，43厘米×51厘米。收藏于米兰的波尔迪·佩佐利博物馆，编号：4131。

图片说明

©2021 斯卡拉照片，佛罗伦萨

第 140 页

托马斯·兰西尔主要以爱德华·兰西尔爵士的设计为基础，所著《雕刻狮子、老虎、黑豹、豹子、狗等》于1853年由 H.G. 伯恩在伦敦出版，共有4版、7版和10版的图版，来源于多伦多大学罗巴茨图书馆，由 MSN 赞助。

第 144 页和第 151 页

弗里达·卡罗,《和鹦鹉的自画像》，1941年，布面油画，82厘米×62.8厘米，私人收藏

©2021 专辑/斯卡拉，佛罗伦萨。

第 152 页

查尔斯·德萨林·多尔比尼编的《词典……》（引用作品）

第 156 页和第 167 页（下方）

约瑟夫·博伊斯，1974年在纽约勒内·卜洛克画廊开幕式上表演"我爱美国，美国爱我"。

©照片 M. 廷格，收录于《约瑟夫·博伊斯：威尼斯六个房间》，赫尔穆特·弗里德尔和约翰·约万涅编辑，2000年 Electa 出版社出版。

第 166 页

约瑟夫·博伊斯，1974年在纽约勒内·卜洛克画廊的表演"我爱美国，美国爱我"。

©卡罗琳·蒂斯道尔,《约瑟夫·博伊斯－郊狼》，1978年泰晤士和哈德森出版公司出版，

2008 年再版；获得波诺托基金会的授权。

第 167 页（上方）

约瑟夫·博伊斯，1974 年在纽约勒内·卜洛克画廊的表演"我爱美国，美国爱我"。

© 照片 L. 森纳，收录于约瑟夫·博伊斯的《从符号到图像》，Mudima，1989 年

第 168 页

圣乔治·杰克逊·米瓦特，《犬科动物：狗、豺、狼和狐的专著》。附有木刻和 45 张由 J.G. 柯尔曼斯根据自然绘制并手工上色的彩色版，1890 年 R.H. 波特在伦敦出版，页码 Pl. IX。收藏机构：多伦多大学－格斯坦科学信息中心。赞助方：MSN。来源网址：www.biodiversitylibrary.org/item/57042。

参考书目

1914 年

理查德·C.坦普尔.彼得·蒙迪在欧洲和亚洲的旅行（*Travels of Peter Mundy in Europe and Asia*）[M].伦敦：哈克卢特学会版第二个系列,1914.

1928 年

伯索尔德·劳弗.历史与艺术中的长颈鹿（*The giraffe in history and art*）[M].芝加哥：自然博物馆,1928.

1966 年

安德烈·布勒东.超现实主义与绘画（*Il surrealismo e la pittura*）[M].佛罗伦萨：马尔奇出版社,1966.原版为：超现实主义与绘画（*Le Surréalisme et la Peinture*）[M].巴黎：加利玛出版社,1928-1965.

1975 年

埃尔温·帕诺夫斯基.皮耶罗·迪·科西莫的两幅绘画中的人类史前史（*Preistoria umana in due cicli pittorici di Piero di Cosimo*）[M]//埃尔温·帕诺夫斯基.图像学研究（*Studi di iconologia*）.都灵：艾诺迪出版社,1975：50-61.原版为：图像学研究（*Studies in Iconology*）.纽约：牛津大学出版社,1939.

1977 年

原版为奈良崎宗重.北斋·广重：自然研究（*Hokusai–Hiroshige. Studies in Nature*）[M].约翰·贝斯特,译.东京、纽约和旧金山：

光电社国际出版社,1970-1977.

社,1976.

1986 年

蒂姆·H.克拉克.犀牛:从丢勒到斯塔布斯,1515-1799 年(*The Rhinoceros, from Dürer to Stubbs, 1515-1799*)[M].伦敦:苏富比出版社,1986.

彼得罗·C.马拉尼.莱昂纳多的"兽类图谱"来源(*Le fonti del "Bestiario" di Leonardo*)[M]//奥古斯托·马里诺尼.H手稿.佛罗伦萨:朱恩蒂-巴贝拉出版社,1986.

1988 年

卡罗琳·蒂斯达尔.约瑟夫·博伊斯,郊狼(*Joseph Beuys, Coyote*)[M].巴黎:哈赞出版社,1988-2009.原版为:约瑟夫·博伊斯,郊狼(*Joseph Beuys, Coyote*)[M].慕尼黑:席尔默·莫塞尔出版

1990 年

卡洛·佩德雷蒂.作为政治寓言的抱貂女子(*La dama con l'ermellino come allegoria politica*)[M]//西尔维娅·罗塔·吉班迪,弗朗科·巴尔恰.路易吉·菲尔波的政治研究(*Studi politici in onore di Luigi Firpo*).米兰:弗朗科·巴尔恰,1990:161-181.

1991 年

查尔斯·D.卡特勒.后中世纪欧洲艺术中的异域风情(*Exotic in PostMedioeval European Art*)[J].艺术与历史(*Artibus et Historiae*),1991,12(23):161-179.

参考书目

1994 年

芭芭拉·赞德里诺. 世界的疯狂和十字架的疯狂：鲁吉罗和阿斯托尔福在鲸鱼的腹中（*La follia del mondo e la follia della Croce：Ruggiero e Astolfo nel ventre della balena*）[M] // 尤金尼奥·科西尼. 多水之声（*Voce di molte acque*）. 都灵：扎莫拉尼出版社，1994：455-462.

1995 年

克里斯蒂娜·莫丘尔斯卡. 列奥纳多·达·芬奇画像中最优美的加莱拉尼和最精致的貂（*The most graceful Gallerani and the most exquisite GALE in the portrait of Leonardo Da Vinci*）[J]. 历史艺术纪事（*Folia Historiae Artium*），1995（1）：55-86.

马可·罗西. 乔万尼诺·德·格拉西：宫廷和大教堂（*Giovannino de Grassi. La corte e la cattedrale*）[M]. 奇尼塞洛巴尔萨莫：席尔瓦那出版社，1995.

1996 年

阿莱特·塞鲁拉兹. 德拉克洛瓦和他的时代（*Delacroix e il suo tempo*）[M] // 伊莎贝尔·朱莉娅，让·拉坎布尔，西尔万·博耶. 浪漫年代：展览目录（*Les années Romantiques, catalogo della Mostra*）. 米兰：Electa 出版社，1996.

1997 年

西尔维奥·A. 贝迪尼. 教皇的大象（*The Pope's Elephant*）[M]. 纽约：企鹅出版社，1997.

1998 年

朱利奥·奥拉齐奥·布拉维.乔凡尼诺·德·格拉西的素描本（Taccuino di disegni di Giovannino de Grassi）[M]//编码注释——乔凡尼诺·德·格拉西的素描本（Commentario al Codice Giovannino de Grassi）.莫德纳：卜迪诺艺术出版社，1998.

大卫·布尔.科学分析（Analisi scientifiche）[M]//彼得罗·C.马拉尼，芭芭拉·法比扬.《莱昂纳多·达·芬奇：抱银貂的女子》展览目录（Leonardo. La dama con l'ermellino, catalog della mostra）.罗马：西尔瓦娜出版社，1998：83-90.

格拉齐埃塔·布塔齐.画像注释：抱貂女子的服装和发型（Note per un ritratto: vesti e acconciatura della Dama con l'ermellino）[M]//彼得罗·C.马拉尼，芭芭拉·法比扬.《莱昂纳多·达·芬奇：抱银貂的女子》展览目录（Leonardo. La dama con l'ermellino, catalog della mostra）.罗马：西尔瓦娜出版社，1998：67-71.

芭芭拉·法比扬.关于貂皮边缘的一些想法（In margine all'ermellino）[M]//彼得罗·C.马拉尼，芭芭拉·法比扬.《莱昂纳多·达·芬奇：抱银貂的女子》展览目录（Leonardo. La dama con l'ermellino, catalog della mostra）.罗马：西尔瓦娜出版社，1998：73-75.

彼得罗·C.马拉尼.抱银貂的女子和15至16世纪的米兰肖像画（La Dama con l'ermellino e il ritratto milanese tra Quattro e Cinquecento）[M]//彼得罗·C.

参考书目

马拉尼，芭芭拉·法比扬.《莱昂纳多·达·芬奇：抱银貂的女子》展览目录（*Leonardo. La dama con l'ermellino, catalog della mostra*）.罗马：西尔瓦娜出版社，1998：31-49.

玛丽亚·格拉齐亚·雷卡纳蒂.贝尔加莫市安吉洛·迈图书馆素描本：乔万尼诺·德·格拉西及其遗产（*Il Taccuino di disegni della biblioteca civica Angelo Mai di Bergamo: Giovannino de Grassi e la sua eredità*）[M]//朱利奥·奥拉齐奥·布拉维，玛丽亚·格拉齐亚·雷卡纳蒂.格拉西素描本注释（*Commentario al Codice, Taccuino di disegni di Giovannino de Grassi*）.莫德纳：卜迪诺艺术出版社，1998.

简尼斯·谢尔.塞西莉亚·加勒拉尼：一份传记（*Cecilia Gallerani. Una biografia*）[M]//皮特罗·C.马拉尼，芭芭拉·法比扬.《莱昂纳多·达·芬奇：抱银貂的女子》展览目录（*Leonardo. La dama con l'ermellino, catalog della mostra*）.罗马：西尔瓦娜出版社，1998：51-65.

齐斯瓦夫·日古尔斯基二世，扬努什·瓦莱克.查尔托里斯基博物馆与抱银貂的女子（*Il Museo Czartoryski e la Dama con l'ermellino*）[M]//皮耶特罗·C.马拉尼，芭芭拉·法比安.《莱昂纳多·达·芬奇：抱银貂的女子》展览目录（*Leonardo. La dama con l'ermellino, catalog della mostra*）.罗马：西尔瓦娜出版社，1998：13-29.

1999 年

马蒂·福勒.西方在葛饰北斋艺术中的影响（*Le influenze occidentali nell'arte di Hokusai*）

[M]//贾卡洛·卡尔扎.北斋：疯狂绘画老人（*Hokusai. Il vecchio pazzo per la pittura*）.米兰：Electa 出版社，1999：37-45.

罗杰·基斯.年轻的北斋（*Il giovane Hokusai*）[M]//贾卡洛·卡尔扎.北斋：疯狂绘画老人（*Hokusai. Il vecchio pazzo per la pittura*）.米兰，Electa 出版社，1999：27-36.

辻信夫.幻想世界中的作品：北斋晚年的艺术（*In un mondo di fantasia: le opere tarde di Hokusai*）[M]//贾尼卡洛·卡尔扎.北斋：疯狂绘画老头子（*Hokusai. Il vecchio pazzo per la pittura*）.米兰，Electa 出版社，1999：79-88.

索姆·普拉卡什·维尔玛.印度莫卧儿帝国动植物画家乌斯塔德·曼苏尔（*Mughal Painter Of Flora And Fauna Ustad Mansur*）[M].新德里：阿比纳夫出版社，1999.

2001 年

米雷拉·莱维·丹科纳.文艺复兴时期的动物园（*Lo zoo del Rinascimento*）[M].卢卡：玛丽亚·帕奇尼·法齐出版社，2001.

2003 年

米尔威亚·博拉蒂.晚期哥特式小型画在伦巴第与维斯孔蒂祷告书（*La miniatura tardogotica in Lombardia e il libro d'ore Visconti*）[M]//维斯孔蒂祷告书的评注（*Il Libro d'ore Visconti*）.莫德纳：帕尼尼出版社，2003：221-385.

参考书目

帕雷特·马蒂森. 天堂的鸟：与鹤同行的旅程（*The Birds of Heaven: Travels With Cranes*）[M]. 法拉尔：斯特劳斯和吉鲁克斯出版社，2003.

大卫·罗伯茨，安德鲁·索洛. 渡渡鸟何时灭绝？（*When did the dodo become extinct?*）[J]. 自然（*Nature*），2003(426)：245.

2005 年

玛丽亚·格雷斯·里卡纳蒂. 乔瓦尼诺·德·格拉西的"笔记本"：一个奇幻的兽类图鉴（*Il "Taccuino" di Giovannino de' Grassi: un bestiario fantastico*）[J]. FMR杂志，2005，8：107-132.

2006 年

欧文·潘诺夫斯基. 阿尔布雷希特·丢勒的生活与艺术（*La vita e l'opera di Albrecht Dürer*）[M]. 米兰：Abscondita出版社，2006. 原版：阿尔布雷希特·丢勒的生活与艺术（*The life and Art of Albrecht Dürer*）[M]. 普林斯顿：普林斯顿大学出版社，1955.

2007 年

布拉德利·迈克尔·贝利. 时间飞逝：北斋丢失的鹤（*Time Flies: Hokusai's Missing Crane*）[J]. 耶鲁大学美术馆通报（*Yale University Art Gallery Bulletin*），2007：154-159.

2008 年

维拉·塞格雷·鲁茨. 乔万尼诺·德·格拉西的14世纪工作室中动物世界的真实研

究（Lo studio del vero del mondo animale nella bottega trecentesca di Giovannino de' Grassi）[J]. 微言（Micrologus），2000（8）：477-488.

阿莱特·塞鲁拉兹，爱德华·维尼奥. 欧仁·德拉克洛瓦的动物图鉴（Le bestiaire d'Eugène Delacroix）[M]. 巴黎：CM 出版社，2008.

2009 年

蒂娜·曼苏埃托. 魔兽和海神女，驾驭幻想中的海洋（Mostri e Nereidi, cavalcando il fantastico mare）[M]. 那不勒斯：Loffredo 出版社，2009.

2010 年

米歇尔·帕斯图罗. 著名动物（Animali celebri）[M]. 佛罗伦萨：Giunti 出版社，2010. 原版：著名动物（Animaux célèbres）[M]. 巴黎：克里斯汀·博内顿出版社，2001.

弗朗切斯科·莱奥内，玛丽亚·维多利亚·马里尼·克拉雷利，费尔南多·马佐卡等. 十九世纪的面孔：从卡诺瓦到莫迪格里尼（Il volto dell'Ottocento. Da Canova a Modigliani）[M]. 威尼斯：马尔西利奥出版社，2010.

2013 年

丹尼洛·迈纳迪. 我们和他们，莱昂纳多和鼬鼠（Noi e loro, Leonardo e l'ermellino）[M]. 米兰：开罗出版社，2013.

参考书目

加布里埃莱·雷纳. 米兰的两位布列塔尼公爵夫人：安娜（1477-1514）和克劳迪娅·德·布列塔尼（1499-1524）以及莱昂纳多的《拿着鼬鼠的女士》（*Due duchesse bretoni di Milano. Anna（1477-1514）e Claudia di Bretagna（1499-1524）e la Dama con l'ermellino di Leonardo*）[J]. 意大利纹章研究协会第31次聚会论文集（*Società Italiana di Studi Araldici Atti del XXXI Convivio*），2013，22：2-53.

安德鲁·罗宾逊，克劳斯·阿尔布雷希特·施罗德. 阿尔布雷希特·丢勒：来自阿尔贝蒂纳的大师素描、水彩和版画（*Albrecht Dürer. Master Drawings, Watercolours and prints from the Albertina*）[M]. 华盛顿：普雷斯特尔出版社，2013.

2014年

塞尔日·布拉姆利. 莱奥纳多·达·芬奇（*Leonardo Da Vinci*）[M]. 米兰：蒙德多利出版社，2014. 原版：莱昂纳多·达·芬奇（*Léonard de Vinci*）[M]. 巴黎：拉特出版社，1988.

克里斯托弗·塞伦扎. 失落的文艺复兴：十五世纪意大利文化中的拉丁文学（*Il Rinascimento perduto. La letteratura latina nella cultura italiana del Quattrocento*）[M]. 罗马：卡罗奇出版社，2014. 原版：失落的意大利文艺复兴：人文主义者、历史学家和拉丁语的遗产（*The Lost Italian Renaissance: Humanists, Historians, and Latin's Legacy*）[M]. 巴尔的摩和伦敦：约翰霍普金斯大学出版社，2004.

相生相伴
艺术作品中的动物故事

帕斯卡尔·科特. 揭开《抱银貂的女子》的光芒：前所未有的发现（Lumiere on the Lady with an Ermine: Unprecedented Discoveries）: LTMI 系列［M］. 芬奇：芬奇出版社, 2014.

伊丽莎白·尼格内拉. 塞西莉亚或抱着银貂的女士服装和图像的新发现（Cecilia o la Dama con l'ermellino Abbigliamento e iconografia Nuove scoperte）［J］. Instoria, 2014（81, 82, 83）.

克里斯蒂娜·卡洛. 在照片中度过的一生见证（Testimonianze di una vita vissuta fra le fotografie）［M］// 赫尔加·普林尼茨－波达. 弗里达·卡罗和迭戈·里维拉（Frida Kahlo e Diego Rivera）展览目录. 米兰：斯基拉出版社, 2014：59-57.

弗朗西斯卡·波马里奇. 有翅膀和无翅膀的海怪：关于吞下约拿的"大鱼"的思考（Mostri marini con e senza ali: considerazioni sul "grande pesce" che ingoiò Giona）［M］// 朱莉娅·博迪, 约勒·卡莱蒂尼, 玛丽亚·路易吉娅·福贝利等. 视觉工作室：献给玛丽亚·安达洛罗的文章（L'officina dello sguardo. Scritti in onore di Maria Andaloro）：第二卷. 罗马, 甘格米出版社, 2014：63-68.

赫尔加·普林尼茨－波达. 弗里达·卡罗和迭戈·里维拉：彼此在对方的画作中（Frida Kahlo e Diego Rivera ognuno nei dipinti dell'altro）［M］// 弗里达·卡罗和迭戈·里维拉（Frida Kahlo e Diego Rivera）展览目录. 米兰：斯基拉出版社, 2014：23-37.

参考书目

2017 年

埃琳娜·帕瑟雷诺. 起源故事（Origin Story）[J]. 巴黎评论（The Paris Review），2017-03-16.

2018 年

保罗·波多纳里. 达芬奇的哲学格言（Gli aforismi filosofici di Leonardo Da Vinci）[M] // 达芬奇，洪水和时间：哲学格言和片段（Leonardo Da Vinci, I diluvi e il tempo. Aforismi e frammenti filosofici）. 罗马：意大利历史思想研究中心和欧洲形象史与理论研究中心，InSchibboleth 出版社，2018.

2019 年

马西莫·布尔加雷利. 变形和"惊异"：在德特宫的朱利奥·罗马诺（Metamorfosi e "maraviglia", Giulio Romano a Palazzo Te）[M]. 罗马：坎皮萨诺出版社，2019.

米歇尔·帕斯图罗. 象征中世纪（Medioevo simbolico）[M]. 巴里－罗马：拉泰尔扎出版社，2019. 原版：西方中世纪的象征史（Une histoire symbolique du Moyen Age occidental）. 巴黎：Le Seuil 出版社，2014.